MANAGING
THE GLOBAL COMMONS
The Economics of Climate Change

管理全球共同体

气候变化经济学

［美］**威廉·诺德豪斯** 著

梁小民 译

中国出版集团 东方出版中心

图书在版编目（CIP）数据

管理全球共同体：气候变化经济学 /（美）威廉·
D.诺德豪斯著；梁小民译 . － 上海：东方出版中心，
2020.9
  ISBN 978-7-5473-1690-0

  I. ① 管… II. ① 威… ② 梁… III. ① 气候变化 – 影
响 – 经济发展 – 研究 IV. ① F061.3

中国版本图书馆 CIP 数据核字（2020）第 177283 号

上海市版权局著作权合同登记 图字：09—2020—691

Managing the Global Commons: The Economics of Climate Change
By William D. Nordhaus
Chinese Simplified translation copyright @2020
by Orient Publishing Center
Published by arrangement with The MIT Press
ALL RIGHTS RESERVED

管理全球共同体：气候变化经济学

著　　者　[美]威廉·D.诺德豪斯
译　　者　梁小民
责任编辑　徐　丹　马晓俊
封面设计　陈绿竞

出版发行　东方出版中心
地　　址　上海市仙霞路 345 号
邮政编码　200336
电　　话　021-62417400
印 刷 者　山东韵杰文化科技有限公司

开　　本　890mm×1240mm 1/32
印　　张　7.875
字　　数　135 千字
版　　次　2020 年 9 月第 1 版
印　　次　2020 年 9 月第 1 次印刷
定　　价　68.00 元

献给巴巴拉

第三编 | 气候变化政策中的风险与不确定性

序　言

　　温室效应使关心人类也关心我们居住的世界的人处于可怕的困惑之中。我们现在不知道人类的活动将如何影响哺育我们文明的、脆弱而难以理解的复杂生命支持系统，也无法可靠地判断潜在的地球物理变化将如何影响社会或我们周围的世界。我们应该是"极端"保守主义者，并倾向于以放缓经济增长和发展为代价来保护自然界呢；还是应该在保护自然系统之前让人类活得更好，并相信我们的智慧将找到自然界为我们处理肮脏之手的解决方法呢？

　　本研究试图在经济分析的范围内回答这些问题——一种评估成本与收益，并不断寻找过度关心与漠不关心之间基础的方法，以此探寻进一步投资于保存或保护的成本与避免危险的利益之间的平衡点。这种成本—收益平衡的"朝圣之路"必然是复杂的且具有技术性的，因为它要求了解极多复杂的地球物理、生物学和经济关系，这些关系影响着全球变暖趋势并受全球变暖影响。

现在的研究是将近 20 年研究的成果。该研究大部分直接得到国家科学基金的支持，间接得到耶鲁大学和耶鲁考尔斯研究基金（Cowles Foundation for Research）的支持，而且最近一年得到美国环境保护署的支持。它也受益于在全球环境问题经济学这个领域的发展中作出相当大贡献的同事们，在温室效应经济学中奉献了自己智慧的早期合作者们，包括杰西·奥沙伯（Jesse Ausubel）、威廉·克拉克（William Clark）、威廉·克莱因（William Cline）、哈瓦尔德·克伦斯配特（Howard Gruenspecht）、戴尔·乔根森（Dale Jorgenson）、杰弗里·黑尔（Geoffrey Heal）、威廉·霍根（William Hogan）、查尔斯·科尔斯塔德（Charles Kolstad）、莱斯特·拉韦（Lester Lave）、阿仑·曼内（Alan Manne）、罗伯特·曼德尔逊（Robert Mendelsohn）、理查德·摩根斯坦（Richard Morgenstern）、大卫·皮尔西（David Pearce）、霍华德·拉法（Howard Raiffa）、约翰·瑞利（John Reilly）、理查德·瑞切斯（Richard Richels）、托马斯·谢林（Thomas Schelling）、约翰·韦雅特（John Weyant），之后的合作者大卫·沃德（David Wood）和加里·约赫（Gary Yohe）。感谢耶鲁大学同事有益的建议，他们分别是威廉·布雷纳德（William Brainard）、理查德·列文（Richard Levin）和赫伯特·斯卡夫（Herbert Scarf），以及爱德华·巴比尔（Edward Barbier）、甘塔·鲍拉（Gantam Barua）、理查德·科普（Richard Cooper）、皮特·戴蒙德（Peter Diamond）、赫伯特·吉尔斯（Herbert Giersch）、丹尼尔·M.卡门（Daniel M. Kammen）、莱奥·施拉亭霍尔泽（Leo Schrattenholzer）和众多匿名评论的评论者。其他领域的科学家也在许多方面给我指导，特别感谢托马斯·李（Thomas Lee）、托马斯·马洛尼（Thomas Malone）、威廉·尼恩伯格（William Nierenberg）、约翰·佩里（John Perry），之后的科学家还有罗杰·雷维尔（Roger Revelle）、米契尔·施勒辛格（Michael Schlesinger）、斯蒂芬·施耐德（Stephen Schneider）、卡尔·图尔肯（Karl Turekian）、保罗·瓦格纳（Paul Waggoner）以及罗伯特·怀特（Robert White）。最后，我要感谢杨之丽（Zili Yang）具有献身精神而熟悉的研究协助。与这些同事们交流中存在的所有错误仅是我个人的责任。

第一编

气候变化经济学模型编制

MODELING THE ECONOMICS OF CLIMATE CHANGE

第1章 |
导　论

　　"上帝不用宇宙掷骰子"是阿尔伯特·爱因斯坦对量子力学的回应。但人类通过密集的干预——向大气中排放温室气体或破坏臭氧的化学物质，滥砍滥伐这样引起大量土地使用改变的工程，甚至在实验中创造出转基因物种时破坏在自然环境生存中的物种，并积累了足以摧毁人类文明的核武器库——正在用他们的自然环境掷骰子。作为自然或社会科学家，我们需要了解这些全球变化的来源，它们对自然和经济系统引起的潜在危害，以及回避或消除这些危害最有效的方法。正如过去时代的村庄决定管理它们的草地或水资源一样，我们今天和未来同样应该学会如何明智地使用并保护我们共同的地球物理和生物资源。这个了解并对全球范围进行控制干预的任务可以称为"管理全球共同体"。

　　本书中分析的是近年来日益受到关注的温室气体威胁的特殊问题。气候学家和其他科学家发出了警告：在21世纪中，二氧化碳（CO_2）和其他温室气体（GHGs）的积累会引起全球变暖和其他重大的气候变化。许多科学团体、日益增多的环保主义团体和各国政府共同呼吁有力地遏制温室气体的排放，正如在政府间气候变化专门委员会报告（IPCC，1990）的例子中看到的那样。在1992年7月里约热内卢地球峰会上，国际的最大努力是设计了新的方法。这次峰会一致通过关于气候的框架公约，并成立了许多工作团队来监控遵守情况并提出进一步措施的建议。

许多科学家对全球变暖的威胁表示了深切的关注，并提出了从温室气体排放稳定到为稳定气候大幅度削减温室气体排放的措施。到现在为止，号召的支持与条约谈判取得的进步或多或少不依靠衡量减缓温室效应的成本与收益的经济研究。但在最近几年，经济学家对理解气候变化的经济影响和通过减排来减缓气候变化的成本作出了重要的努力。有证据显示，21世纪温室效应将对工业化国家有不太严重的经济影响的可能性，而对温室气体排放大幅度削减的项目将需要花费相当大的成本。这些研究已经得出结论，现今使温室气体排放适度减少的最好措施，也许是采用碳税。

在早期的研究中，我开发了一个简单的成本收益框架，用于确定二氧化碳和其他温室气体的最佳"稳定状态"。[1] 这种早期研究得出一个中间路线的结论，温室效应的威胁足以证明减缓气候变化速度的适当措施的合理性，但我发现，要求温室气体排放德

---

[1] 稳定状态模型以缩写的形式出现在诺德豪斯1991b中，而更多细节出现在诺德豪斯（1991c）中。还可参看诺德豪斯（1992a、b，1993）。

拉古 [1] 式削减 50% 或更多目前并没有得到关于成本和影响的科学及经济证据的支持。

早期的研究有许多缺点，但从分析的角度看，最重要的是对经济和气候的动态缺乏论述。早期的著作研究了"资源的稳定状态"，在这种状态中，所有物质流量都是不变的（即在这种状态中，人口、排放、浓度和气候变化都维持在其稳定状态上），虽然由于节约资源的技术在改变，真实收入可以增加。随后这项研究着重分析了在资源稳定状态时的最优控制战略。

一种气候变化经济学的完全分析应该认识到，在气候和经济对温室气体排放的反应中，存在着极长期的滞后。现在的科学估算指出，主要的温室气体会在大气中存留 100 年以上；而且，由于海洋热量的惯性，气候变化似乎落后于温室气体浓度变化半个世纪；而且人类经济资本存量和新技术的引进对变化的经济状况的反应也有长期滞后。因此，动态是本质，而且所有的动态研究中忽略了对全球变暖时代早期的研究，导致我们应该采取的措施都得出了误导的结论。

为了改进我们对经济与气候相互作用的理解，并设计更好的经济政策方法，我开发了一个模型，这个模型以一种简化的方式把设计减缓全球变暖经济政策中涉及的主要经济和科学内容联系在一起。它被称为动态一体化气候与经济模型（DICE 模型）。按

---

[1] 德拉古（Draco）：德拉古为古雅典立法者，他的立法以残忍、严酷闻名。这里指过于严酷的减排（译者注）。

照经济学与相关自然科学的标准，这个模型本身是比较小的，但许多内容是从个别因素得出的原理之外的人所不熟悉的。这个新模型比早期的研究先进，因为它允许政策转向不同于始终稳定状态的途径。它通过采用现代最优经济增长理论的标准方法，并加上气候部门和气候与经济之间闭合回线的相互作用而做到了这一点。这是一个一体化模型，它把排放和影响的动态与遏制排放政策的经济成本结合在一起，这个模型在透明性（或者至少是半透明的）方面是足够简单的，它允许一个敏感度分析的范围，而且可以得到许多进一步的延伸。

DICE 模型的基本方法是用经过某些调整的拉姆齐最优经济增长模型，并计算资本积累和温室气体减排的最优路径。所得出的路径既可以解释为在既定初始赋予情况下减缓气候变化的最有效路径，又可以解释为用温室气体适当的社会影子价格在外部性内在化的市场经济之间的竞争性均衡。[1]

本书提供了 DICE 模型及其结果的详细发展以及延伸分析。第 2 章包括 DICE 模型的背景方程式发展，以及对它们如何从相关原理中得出的解释并讨论它们的实证支持。第 3 章和第 4 章集中在联系经济行为与气候变化的地球物理特征的未知领域，并得出了一些简化的方程式，这些方程式把排放、浓度、气候变化和经济行为联系起来。

---

[1] 最优制度与竞争性经济之间的"一致性原理"最早是塞缪尔森（Samuelson）在 1949 年论述的，并在戈登（Gordon）等的 1988 年关于耗尽资源的著作中进行了分析。

第 5 章提供了基本 DICE 模型的结果，分析了关于 DICE 模型结构的"最好猜测"假设的含义。第 6、7 章和第 8 章论述气候变化不确定性的问题。这三章从决定主要参数可供选择的假设结果的可靠性的敏感性分析开始；我们还提供了关于未来经济结果与气候变化固有的不确定性的一种分析。最后，不确定性的这几章研究了不确定性对最优政策的影响，并发现，不确定性意味着一组温室气体的控制比在最好猜测情况下所说的更为严格。这几章的讨论使我们考虑气候变化的不确定性会如何影响我们政策的紧迫性和时间。

需要应对未来气候变化引起的潜在问题是今天最具挑战性的经济问题之一，而且也是使那些进行严肃政策分析的人灰心丧气的问题之一。它提出了数据、模型编制、不确定性、国际合作和制度设计这些难以解决的问题。此外，经济风险也是巨大的，涉及为减缓或防止气候变化而需要花费的每年几千亿左右美元的投资。

这里提供的研究说明，在目前对温室气体带来的危害的了解为既定的情况下，今天为减缓气候变化的大量努力是应当提前的。同时，在科学家的推动下，我们记住了异常复杂且知之甚少的全球循环系统，我们要警惕人类进行的巨大地球物理试验会在干旱、季风、海洋循环、河流流量以及其他与气候相关的系统中引爆灾难性且不可逆转变化的可能性。经济学并不排除这些结果。如果科学证据表明，灾难性结果会伴随着全球变暖而来，那么我们的经济模型就不仅是尽全力减缓或防止未来气候变化必要性的信号，而且也有助于设计政策反应的范围和时间。我们的未来不在于命运，而在于我们的模型。

第2章 ｜

DICE 模型的结构与推导

一种文字概述

当考虑与气候变化相关的政策时，一个社会必须权衡采取减缓气候变化步骤的成本，以及如果不制止气候变化进程的潜在危害。这里形成的气候变化经济学的 DICE 模型平衡了在能源政策和其他领域的排放控制成本与对农业、海岸线和生态系统价值的影响。情况变得特别困难，因为在排放和影响之间，以及之后的预防性政策与回避的危害之间存在长时间的滞后。各国必须决定它们是不是现在采取措施（实际上对减排的投资）以减缓在未来几个世纪中的气候变化。少数社会决策，而且不是个人决策，除非涉及帕斯卡赌注[1] 和来世，都有可比较的时间轴。

看待涉及如此长时间轴决策的一种有用方法是用最优增长理

---

[1] 帕斯卡赌注：一种哲学观点，认为人对上帝应宁信其有，否则会得不偿失。帕斯卡（Pascal，1623—1662），法国数学家、物理学家，概率论的创立者之一。（译者注）

论的工具。这种方法是由弗兰克·拉姆齐（Frank Ramesey）在20世纪20年代提出的（参看拉姆齐，1928），由恰林·科普曼斯（Tjalling Koopmans）和其他人在20世纪60年代进行了严格化（特别参看科普曼斯，1967），并由罗伯特·索洛（Robert Solow）在他经济增长理论成熟的表述中作了总结（1970）。在新古典增长模型中，为了增加未来的消费，社会投入了有形的资本品，从而减少了今天的消费。

DICE模型是拉姆齐模型对环境政策的延伸，在这个延伸的模型中，减排在主流模型中起了投资的作用。如今，社会应该采取措施，通过把资源用于减少温室气体排放而减少消费，以防止经济上有害的气候变化，从而增加未来消费的可能性。

我们用DICE模型采用的文字概述的方法来开始这一章。模型是世界经济的最优增长模型。它的设计是要在受大量经济与地球物理限制条件下使消费带来的"效用"或满足程度的贴现值最大化。对经济可以得到的决策变量是消费、有形资本的投资率以及温室气体的减排率。设计的决策的时间路径是要使效用的贴现值最大化。该模型的运行时间为10年。

该模型既包括了传统的经济部门，也包括了新的气候部门。首先从传统的经济部门开始——不考虑任何气候变化的经济。假设全球经济生产一种综合商品，这并不需要各国实际上是相同的。相反，生产的物品应该是完全可以替代的，而且，除了生产率复杂多样性的差别，生产函数应该是相同的。用平常的话说，这就意味着，各国在它的定量属性上可以是不同的，但在商品构成或相对生产率上不会有重大的差别。这是一种有限制性的假设，用更加全面的多国模型的基本研究说明，这种假设对主要结论没什么影响。

我们的合成经济拥有初始的资本和劳动存量以及初始的技术水平。所有各行业都在竞争性地运行。每个国家使代际的目标函数最大化且每个地区相同，这就是人均消费乘以人口的贴现效用的总和；效用函数按人均消费是对数的。产出是根据柯布-道格拉斯生产函数用资本、劳动和技术生产出来的。人口增长和技术变化是外生的，而资本积累是由一段时间内最优的消费流量决定的。不需要国际贸易，因为不同国家的产出是完全可以替代的。

模型的"非传统部分"包括了把影响气候变化的不同力量联系在一起的大量地球物理关系。这一部分包括了一个排放方程式、一个浓度方程式、一个气候变化方程式以及一种气候—危害关系。排放包括所有温室气体排放，尽管它们最容易被视同二氧化碳。不受控制的排放是总产出中一个缓慢向下的比例——一种与基本生产和需求函数一系列复杂的假设一致的关系。温室气体排放可以通过提高包括了温室气体含量要素或产出的价格来控制，而且我们用温室气体减排成本研究的数字来代表参数的温室气体减排的成本表。

大气中温室气体的浓度随着排放而增加，在 120 年大气存留时间中浓度在下降。气候变化由全球中值表面温度和气候模型编制者使用的共识关系，以及最近由两个海洋—大气模型提出的滞

后来代表，且假设气候变化的经济影响在已实现的温度上升中是
增加的。

注意，模型既可以用最优框架，又可以用理想的竞争市场结
果来解释。为了使用竞争性市场解释，我们需要跳出气候变化的
公共物品性质观念，这种观念不知如何以一种有效的方式被取消
了。这就是说，它假设，通过某种机制，各国在作出决策中使它
们排放决策的全球成本有效地内在化了。这种全球性的慷慨没什
么证据，但现在的方法有计算均衡的优点，其在每个国家会以一
种有远见的、有效的和无私的方法行事出现。

DICE 模型方程式的推导

下面我们转向一个 DICE 模型方程式的特殊清单并讨论它们
的推导。关系分为三组：目标函数、经济关系以及地球物理关系。
对最大的部分，经济部分用它们的方法是方便的，而且它们推导
的讨论也包括在本章中。但气候部门与经济和气候之间的相互作
用要求特别注意由于这里现有的模型不适合纳入动态宏观经济模
型。因此，在下两章中将更为详细地提供气候模块、碳循环、减
排的成本、气候变化引起的危害以及能源—温室气体比率的趋势。

目标函数

一个关键问题涉及在最优化中我们追求的目标。我们假设，

我们政策的目的是提高现在与未来人类的生活水平或消费。我们说的消费是指一个广义的概念，它不仅包括传统市场购买的食物和住房这类物品与劳务，还包括休闲、文化娱乐以及环境享受这样的非市场项目。

我们采用的基本假设是，政策应该设计为使现在与未来普遍的消费水平最大化。这种方法根据更多消费（再说一次，刚刚讨论的普遍化种类）优于较少消费的观点，而且也根据随着消费水平提高，消费增量的价值变小了这一观点。用术语来说，由最大化的社会福利函数代表这些假设，社会福利函数是人均消费效用贴现的总和。这个社会福利函数是三个基本价值判断的数学代表：（1）财富越多消费水平越高；（2）随着消费增加，消费的边际价值递减；以及（3）社会将进行投资，以增加在消费的边际效用最高时的消费。此外，这种方法包括了时间偏好（在本章与第6章中详细讨论），时间偏好允许对不同代有不同的相对偏重。准确的目标函数或者最大化的标准是：

$$\max_{\{c(t)\}} \sum_t U[\,c(t),L(t)\,](1+\rho)^{-t} \qquad (2.1)$$

这个方程式是消费效用的贴现总和，$U[\,c(t)\,]$，$L(t)$，按适当时间轴上的总和。这里 U 是效用或社会福利的流量，$c(t)$ 是在 t 时间人均消费的流量，$L(t)$ 是在 t 时间人口的水平，而 ρ 是纯社会时间偏好率。在效用函数的准确形式下面将说明。模型按10年的时间步伐运行，因此经验模型中所有流量变量都是每10

年的变量，而惯例是按时期开始衡量的存量。

这个方程式中唯一的参数是纯社会时间偏好率 ρ。这个参数是一个社会选择变量，它暗含在许多社会决策中，例如财政与货币政策。在与其他变量的联系中，它与市场利率（或者资本的边际生产率）以及与储蓄率密切相关。

ρ 的值每年 0.03%（或高一些）与历史上的储蓄数据和利率是一致的。与此相比，有时建议政策采用每年 0.01% 的 ρ 值甚至 0，但这些都意味着储蓄率太高和资本收益率太低。这种偏好函数与低生产函数结合在一起就使储蓄率和投资收益率维持在工业化国家所观察到的水平附近。[1]

经济限制条件

最大化要服从于许多限制条件。这一节我们从评论经济限制条件开始，在下一节提出气候—排放关系。

第一个方程式是效用的定义，在上一节已被说明并构成。效用代表福利的现有价值，并假设等于人口的规模 $L(t)$，乘以人均消费的效用 $U[c(t)]$。方程式（2.2）是代表效用函数形式的幂函数的一般情况：

$$U[c(t), L(t)] = L(t)\{[c(t)]^{1-\alpha} - 1\}/(1-\alpha) \qquad (2.2)$$

---

[1] 克莱因（1991，1992a、b）建议，纯时间偏好率每年为 0，而物品与劳务的贴现率每年为 1.5%。这种方法在哲学意义上是令人满意的，但它与储蓄和投资的实际社会决策不一致。在第 6 章中将对这个问题进一步讨论并提出可供选择的方法，还可看杨（1993）。

在这个方程式中，参数 α 是不同消费水平社会评价的衡量，它有几个标记。它代表效用函数的曲率，消费的边际效用弹性或者不平等厌恶率。在运算中，用它衡量社会中高收入的几代人愿意减少福利以增加低收入的几代人的福利的程度。在 DICE 模型中，我们取 $\alpha = 1$（限制），得出了以下对数或伯努利效用函数：[1]

$$U[c(t), L(t)] = L(t)\{\log[c(t)]\} \qquad (2.2')$$

人口数据是从许多来源中得出来的。基本预测方法如下：假设在初始的人口增长等于 1965—1987 年时期的历史数据。然后我们假设，增长率一直按几何下降率下降，趋于稳定。更准确地说，令 $g_L(t)$ 为 t 时期的人口增长率，而 δ_L 为人口增长下降率。然后我们就得出了 t 时期人口增长值为：

$$g_L(t) = g_L(t-1)(1 - \delta_L)$$

$$\delta_L = (每 10 年) 0.195$$

$$g_L(1965) = (每年) 2.03\%; \ L(1965) = 33.69(亿人) \qquad (2.2'')$$

很容易证明，这个假设引起逐渐消除人口差别。它的优点是可以用两个参数代表人口轨迹，并容易适应不同预测。对基本情况，1960—1969 年 10 年中起的人口增长是每年 2.03%，而且每 10 年增长率下降是 $\delta_L = 0.195$。这种假设引起一种渐进的最大人口为

---

[1]　这个公式在方程式（2.2）的分母中从前一个函数减去一项，以使表述限于 $L(t)\{\log[c(t)]\}$。

106 亿人。

产出 $Q(t)$ 是标准的规模收益不变的柯布—道格拉斯生产函数根据技术、资本和劳动给出的，分别用 $A(t)$、$K(t)$ 和 $L(t)$ 来表示。劳动的投入与人口同比例，则：

$$Q(t)=\Omega(t)A(t)K(t)^{\gamma}L(t)^{1-\gamma} \qquad (2.3)$$

这里，γ 是产出对资本的弹性，并视为等于 0.25。$\Omega(t)$ 项把减排和气候变化对产出的影响联系起来，并用方程式（2.13）来说明。

历史上产出与资本的数据从 1960 年、1965 年、1970 年、1975 年、1980 年、1985 年和 1990 年的大量数据资料中收集而来。基本技术是收集主要国家和地区的国家数据并用购买力平价加权加总它们。我们采用标准的索洛确认程序，这个程序使我们可以计算作为劳动份额占国民收入的 $1-\gamma$，在工业化国家它接近于 0.75；低收入国家只能得到少数可靠的数据。

表 2.1 预测的每个工人产出的增长率

（平均每年增长率，每年百分比）

年份	1975—2000 年	2000—2025 年	2025 年及以后
中值	2.3	1.6	1.0
标准误差	0.7	0.5	0.3
极值	1.2；3.4	0.9；2.3	0.5；1.5

资料来源：诺德豪斯与约赫（1983）。
说明：这些代表了来自大量已发表研究的预期增长的平均值、标准误差与极值。

假设变量 Ω 是历史时期的一个变量，未来时期的预测在以下讨论。唯一没有观察到的变量是 $A(t)$，可以通过解出作为所有其他可观察到的变量而得出函数的 $A(t)$（2.3）。

模型中主要的不确定性涉及对未来 $A(t)$ 增长，或者全要素生产率的增长的预测。对于初始的 10 年，即 1965—1975 年，我们估算出全球全要素生产率平均每年增长 1.14%，这是全球产出、资本和人口的平均数。有趣的是，历史研究发现在 19 世纪前后全球产出平均增长略有减缓。与此相比，大多数模型编制者预测未来人均收入的增长有重大的下降。例如，表 2.1 说明了诺德豪斯和约赫（1983）对人均收入增长长期预测的概述结果。

早期的研究延续了关于生产率在未来几十年里将减缓这一假设的轮廓。它使用了类似于以前人口增长引进的早期方法的改进，假设生产率增长的放慢是连续的而不是一种阶梯式变化。更准确地说，令 $g_A(t)$ 为 t 时期全要素生产率增长率，而且 δ_A 是生产率增长下降率。那么在 t 时期，生产年增长就是：

$$g_A(t)=g_A(t-1)(1-\delta_A)$$

$$g_A(1965)=（每年）1.41\%$$

$$\delta_A=（每 10 年）0.11\% \qquad （2.3'）$$

此外，这个假设使生产率变得平稳。在用人口作为代表时，它的优点是，可以用两个参数代表生产率增长曲线。对基点情况，1961—1970 年全要素生产率增长的估算是每年 1.41%。根据诺德豪斯和约赫（1983）和其他研究，我们假设每60年生产率增长下降一半，这与以前说明的预测是一致的。这里给了参数 $\delta_A = 0.11$ 的一种估算。

方程式（2.4）说明消费 $C(t)$ 和总投资 $I(t)$ 之间的产出配置：

$$Q(t) = C(t) + I(t) \tag{2.4}$$

这代表了在产出既可以用于新资本品投资又可以用于消费的一个部门经济中的会计恒等式。消费和投资的数据来自方程式（2.3）说明的同一个来源。

方程式（2.5）是人均消费的定义：

$$c(t) = C(t)/L(t) \tag{2.5}$$

最后，我们有了以下资本存量的资本平衡方程式：

$$K(t) = (1 - \delta_K)K(t-1) + I(t-1) \tag{2.6}$$

这里 δ_K 为资本存量的折旧率。在这个方程式中，资本折旧率为每年0.10%，它反映了按一种下降的平衡方法的10年资本的平均寿命。

气候—排放—危害方程式

下一组限制条件是更大的挑战，因为没有充分确定的关系或经济研究来代表经济活动与气候变化之间的联系。这些方程式包括了经济活动、排放、浓度和气候变化之间的关系。作为经济关系，它必须使这些方程式简单，以便理论模型是透明的，而最优模型在经验上容易处理。方法论来自宏观经济学，按这种方法，经济行为由抓住广泛总量行为（例如消费或投资）的方程式来代表；在这个领域中的挑战是，总量关系是 DICE 模型这样的最优化方法所需要的。

第一个方程式联系温室气体排放与经济活动。在随后的分析中，我们把每一种温室气体转变为它的二氧化碳当量。为了加总不同的温室气体，我们用了一个总变暖潜能的衡量，这就是在无限的未来中温室气体对全球变暖贡献的总和。主要温室气体的总变暖潜能的将近 80% 归于二氧化碳，因此我们就可以把注意力集中于碳排放量上。DICE 模型假设，二氧化碳和氯氟烃（CFCs）是可控的（在随后的讨论中这些就是温室气体），而其他的不太重要的温室气体在 DICE 模型中被认为是外生的。[1]

在模型编制的温室气体排放中，我们假设，温室气体排放与总产出的比率在缓慢地下降。不可控的温室气体排放与产出的

---

[1] 温室气体的总量具有一系列可怕的复杂性。开始，不同的存留时间意味着，瞬间辐射的影响应该转变为更适于经济决策的某种方面；因此，这里采用总变暖潜力。IPCC 总量的缺点在于它用未贴现的综合，但某个时期（比如说，一个世纪），又被删掉了。更为适当的做法是通过每个时期变暖的影子价格来权衡瞬间辐射的潜能，对这个讨论，参看施马伦塞（Schmalensee，1993）。这引起了进一步的复杂性，因为一些相关的气体也会抵消变暖（与氯氟烃的情况一样如在氯氟烃的情况下）。而且，最近的试验说明，不同温室气体的气候影响可能是显著不同的（参看：王等，1991）。现在作者相信，在二氧化碳对未来变暖的决定是既定的情况下，这里所用的方法是对更复杂分析的一种合理的充分接近。

比例用参数 $\sigma(t)$ 代表。

温室气体的排放可以通过各种政策来减少。我们用一个"排放控制率" $\mu(t)$ 来代表减排的比率。控制率 μ 代表相对于未控制的排放减排的比率。这个变量是现在研究的中心变量；的确，这里研究的关键问题之一是排放控制的最优轨道。给出的排放方程式如下：

$$E(t)=[1-\mu(t)]\sigma(t)Q(t)$$
$$\sigma(1965)=0.519 \qquad (2.7)$$

变量 $\mu(t)$ 由最优状态决定。在方程式（2.7）中主要的经验问题涉及参数 $\sigma(t)$，它是在没有控制时每单位总产出排放的二氧化碳当量的趋势。考虑增长率为 σ，我们把它写为 $g_\sigma(t)$；杰西·奥沙布称这为"非碳化率"。[1] 根据历史的信息我们估算出，由于能源效率进步和放弃煤的转变，g_σ 在每年 –1% 到 –1.5% 之间。

对未来，我们假设历史趋势会继续，但非碳化率会随着整体生产力的下降速率而同比例减缓。换句话说，假设节约碳的技术变化率与方程式（2.3′）中全要素生产率的增长是同比例的。因此，我们假设 σ 起初每年下降 1.25%，但在每 10 年中 σ 的下降放慢 0.11%。这当然意味着，σ 最终的水平会在某个不变的比率上。因此：

---

[1] 参看奥沙布（1993）。

$$\sigma(t) = \left[\,1 + g_\sigma(t)\,\right]\sigma(t-1)$$

$$g_\sigma(t) = g_\sigma(t-1)(1 - \delta_A)$$

$$g_\sigma(1965) = (\text{每年}) - 1.25\%$$

$$\delta_A = (\text{每 10 年})\,0.11\% \qquad\qquad (2.7')$$

经济—气候联系中的下一个关系代表大气中温室气体的积累。设定 $E(t)$ 是温室气体的排放（按二氧化碳当量计算）。假设排放的积累和扩散用以下这个方程式表示：

$$M(t) - 590 = \beta E(t-1) + (1 - \delta_M)\left[\,M(t-1) - 590\,\right]$$

这里，$\beta = 0.64$，$\delta_M = (\text{每 10 年})\,0.0833$，$M(1965) = 6670$（亿吨碳当量）　　　　　　　　　　　　　　　　　　　　（2.8）

这个方程式表明，大气中的碳与其均衡的前工业社会水平背离 590 GtC 是由于碳排放增加，但随着碳排放扩散到深海，大气中的碳会减少。假设深海被认为是碳的无限吸收地，β 是边际大气中存留率，而 δ_M 是从迅速混合存留转移到深海的比率。这个方程式假设，短期中存留在大气中的碳排放比率为 β。此外，短期存留于储存地的温室气体按每 10 年 0.0883 的比率转移到极大的储存地——深海。这个方程式的推导在下一章中提出。注意这个方程式是根据二氧化碳导出的，并假设也适用于其他温室气体。

下一步涉及温室气体积累与气候变化之间的关系。气候模型编制者开发了各种各样的方法来估算温室气体增加对气候变量的影响。整体上看，现有的模型太复杂，以至于无法被包含在经济模型中，特别是用于最优化的模型。相反，我们用了一个小型的结构模型，这个模型抓住了温室气体浓度、辐射力以及气候变化动态之间的基本关系。下面，气候系统由一个多层次的系统来代表；更加准确地说，有三个层次——大气、混合的或上层的海洋以及深海。假设这每一个层次都是内在充分混合的。

温室气体的积累通过增加辐射致使地球表面变暖而引起全球变暖。温室气体积累与增加的辐射力之间的关系 $F(t)$ 是从经验衡量和气候模型中推导出来的。我们根据辐射力作为温室气体积累的二氧化碳当量的函数，把这种关系的特征概括如下：

$$F(t) = 4.1\{\log[M(t)/590]/\log(2)\} + O(t) \qquad (2.9)$$

在这里，$M(t)$ 是按 10 亿吨碳的大气中二氧化碳浓度（或者它的当量），而 $F(t)$ 代表每平方米瓦特（W/m^2）地球表面温度的增加，它是辐射力的标准衡量。$O(t)$ 代表其他温室气体（主要是 CH_4 和 N_2O）。这些其他气体代表总变量潜能的一小部分，我们对它们的来源了解并不多，而且防止它们聚集的技术在今天也是粗略的；因此把它们作为外生的，在下一章中讨论预测。

方程式（2.9）中的参数化并没有争议。它依靠了关于大气浓度的多种数据，并用 T. 威格利（T.Wigley）提供并在 IPCC 报告（1990）中使用的转化，把它们结合进辐射力系列。结果发现，二氧化碳当量浓度加倍会引起地面变暖的程度增加到 4.1 W/m^2。

下一个方程提供了辐射力与气候变化之间的联系。高的辐射力使大气层变暖，这又使上层海洋变暖，并逐渐使深海变暖。系统中的这种滞后主要是由于不同层次热量的惯性。我们可以写出以下模型中的方程式：

$$T(t)=T(t-1)+(1/R_1)\{F(t)-\lambda T(t-1)-(R_2/\tau_{12})[T(t-1)-T^*(t-1)]\}$$
$$T^*(t)=T^*(t-1)+(1/R_2)\{(R_2/\tau_{12})[T(t-1)-T^*(t-1)]\}$$

$$(2.10)$$

在这里，$T(t)$ 是大气和海洋上层全球与季节性平均温度的增加，$T^*(t)$ 是深海温度的增加，$F(t)$ 是大气中辐射力的增加，而 R_1 是上层热量的能力，R_2 是深海热量的能力。τ_{12} 是从上层转向下层的传送率，λ 是一个反馈参数。

可以根据变暖来源对一个水池影响的简单例子来理解方程式（2.10）。假定打开了一个加热灯（即增加了 $F(t)$ 或辐射力），水池的顶层与顶层的空气逐渐变热，随着热扩散到底层，水池的底层也变热。在这个简单的例子中，表面变暖的滞后由水池的大小（即由热能惯性导致）以及水池不同层次的混合率来决定。在下面要进一步分析这一组方程式。这里推导出的参数可以用表 2.4 中的其他参数来说明。

环节中的下一个联系是气候变化对人类和自然系统的经济影响。已证明估算气候变暖的危害是极难捉摸的。对这个研究的目的，假设气候变暖的危害与变暖范围之间有一种关系。更加特别的是，全球温度增加与收入的损失之间的关系可以给出：

$$D(t)/Q(t)=\theta_1 T(t)^{\theta_2}= 0.013\left[\,T(t)/3\,\right]^2= 0.00144T(t)^2$$

$$(2.11)$$

这里，$D(t)$ 是全球产出的损失，Q_1 代表危害范围的参数，Q_2 代表危害函数中非线性的指数。影响方程式中参数的经验估算在第 4 章中给出。这里的发现是平均温度上升 3 ℃的影响——预测会使世界产出减少 1.33%。

环节中最后一个主要联系是温室气体减排的成本。这是一个广泛研究的领域，而不是没有争议的，成本函数的一般形式与程度在许多地方简述过了。在模型中用的方程式的最后形式是：

$$TC(t)/Q(t)=b_1\mu(t)^{b_2}=0.0686\mu(t)^{2.887} \qquad (2.12)$$

这里，$\mu(t)$ 是温室气体排放中减少的部分，$TC(t)$ 是减排的总成本。系数 b_1 和 b_2 代表成本函数的规模与非线性。减排成本函数的经验估算在第 4 章中讨论。

把成本与危害的关系结合起来，我们就有以下生产函数中的 Ω 关系：

$$\Omega(t)=(1-b_1\mu(t)^{b_2})/\left[\,1+\theta_1 T(t)^{\theta_2}\,\right]$$
$$=(1-0.0686\mu(t)^{2.887})/\left[\,1+0.00144T(t)^2\,\right] \qquad (2.13)$$

方程式（2.1）到（2.13）形成了最优化的数学模型，而且这些结果将在以后各章中说明。表 2.2 列出了在一个地方的 DICE 模型的方程式。表 2.3 中总结了主要变量。表 2.4 中说明了参数的详细清单。这就总结了我们对 DICE 模型方程式推导的概述；下两章将详细地解决更有争议的方程式。

表 2.2 DICE 模型的方程式

$$(2.1) \quad \max_{\{c(t)\}} \sum_t U[c(t), L(t)](1+\rho)^{-t}$$

$$(2.2) \quad U[c(t), L(t)] = L(t)\{[c(t)]^{1-\alpha} - 1\}/(1-\alpha)$$

$$(2.3) \quad Q(t) = \Omega(t)A(t)K(t)^\gamma L(t)^{1-\gamma}$$

$$(2.4) \quad Q(t) = C(t) + I(t)$$

$$(2.5) \quad c(t) = C(t)/L(t)$$

$$(2.6) \quad K(t) = (1-\delta_K)K(t-1) + I(t-1)$$

$$(2.7) \quad E(t) = [1-\mu(t)]\sigma(t)Q(t)$$

$$(2.8) \quad M(t) - 590 = \beta E(t-1) + (1-\delta_M)[M(t-1)-590]$$

$$(2.9) \quad F(t) = 4.1\{\log[M(t)/590]/\log(2)\} + O(t)$$

$$(2.10) \quad T(t) = T(t-1) + (1/R_1)\{F(t) - \lambda T(t-1) - (R_2/\tau_{12})[T(t-1)-T*(t-1)]\}$$
$$T*(t) = T*(t-1) + (1/R_2)\{(R_2/\tau_{12})[T(t-1)-T*(t-1)]\}$$

$$(2.11) \quad D(t) = Q(t)\theta_1 T(t)^{\theta_2}$$

$$(2.12) \quad TC(t) = Q(t)b_1\mu(t)^{b_2}$$

$$(2.13) \quad \Omega(t) = (1-b_1\mu(t)^{b_2})/[1+\theta_1 T(t)^{\theta_2}]$$

表 2.3 DICE 模型中的主要变量

外生变量

$A(t)$ = 技术水平

$L(t)$ = 劳动投入

$L(t)$ = t 时的人口，也等于劳动投入

$O(t)$ = 外生温室气体力量

$\quad t$ = 时间

（续上表）

参数

α = 消费的边际效用弹性

b_1，b_2 = 减排成本函数的参数

β = 温室气体的边际大气存留率

γ = 产出对资本的弹性

δ_K = 资本存量的折旧率

δ_L = 人口下降率

δ_M = 温室气体从上层储存地向下层储存地的传送比率

λ = 气候模型中的反馈参数

ρ = 纯社会时间偏好率

R_1 = 上层的热能

R_2 = 深海的热能

$\sigma(t)$ = 温室气体排放 / 产出比率

τ_{12} = 从上层向下层储存地的传送率

θ_1，θ_2 = 危害函数的参数

内生变量

$C(t)$ = 总消费

$c(t)$ = 人均消费

$D(t)$ = 温室变暖的危害

$E(t)$ = 温室气体（只有二氧化碳和氯氟烃）的排放

$F(t)$ = 来自温室气体的辐射力

$\Omega(t)$ = 由于排放控制和气候变化危害的产出调整因素

$K(t)$ = 资本存量

$M(t)$ = 空气中温室气体的量

$Q(t)$ = 世界总产出

$T(t)$ = 相对于基期的大气温度

$T^*(t)$ = 相对于基期的深海温度

$TC(t)$ = 减少温室气体排放的总成本

$u(t) = u[c(t)]$ = 人均消费的效用

政策变量

$I(t)$ = 总投资

$\mu(t)$ = 减排率

表 2.4　在 DICE 模型中参数的最初值

$\alpha = 1$	（边际效用对消费的弹性）	
$b_1 = 0.0686$	（每单位排放控制占产出的比率）	
$b_2 = 2.887$	（控制成本指数）	
$\beta = 0.64$	（纯数）	
$\gamma = 0.25$	（产出对资本的弹性）	
$\delta_A = 0.011$	（每年）	
0.110	（每 10 年）	
$\delta_K = 0.10$	（每年）	
0.65	（每 10 年）	
$\delta_M = 0.0833$	（每 10 年）	
$\delta_L = 0.020$	（每年）	
0.195	（每 10 年）	
$g_L(1965) = 0.0203$	（每年）	
0.224	（每 10 年）	
$g_A(1965) = 0.0141$	（每年）	
0.150	（每 10 年）	
$g_\sigma(1965) = -0.0125$	（每年）	
-0.1168	（每 10 年）	
$K(1965) = 16.0$	（万亿美元，1989 年价格）	
$\lambda = 1.41$	（C/W – m² 度）	
$M(1960) = 677$	（10 亿吨二氧化碳当量，碳加权）	
$L(1965) = 3.369$	（10 亿人）	
$\rho = 0.03$	（每年）	
$1/R_1 = 0.226$	（C – m²/ 瓦特—10 年度）	
$R_2/\tau_{12} = 0.44$	（瓦特 /C – M² 度）	
$Q(1965) = 8.519$	（万亿美元，1989 年价格）	
$\sigma(1965) = 0.519$	（每万亿美元 10 亿吨二氧化碳当量，1989 年价格）	
$T(1960) = 0.2$	（C 度）	
$T^*(1960) = 0.1$	（C 度）	
$\theta_1 = 0.00144$	（每度 C 平方的产出比率）	
$\theta_2 = 2$	（危害函数的指数）	

第3章 |

宏观地球物理学：气候与碳循环方程式的推导

宏观经济学一般依靠经济关系高度简化的代表（例如，其极为受追捧的柯布—道格拉斯生产函数），而且已经证明这种方法在理解从经济周期到经济增长范围的现象时富有成果。在 DICE 模型地球物理内容的发展中，没有找到这种宏观关系：没有以适于最优模型的形式把排放、浓度、气候变化、减排成本或气候变化存在的影响联系起来的地球物理方程。

本章和下一章从宏观经济学方法论的角度提出了包括在 DICE 模型中的高度简化的总量关系。使用高度简化的总量关系是由三个基础引起的。第一，如果基本结构尽可能地简单和透明，那么对经济与气候相互作用的理解就是先进的；复杂的系统并不容易了解，而且由于复杂关系的相互作用也会产生怪异的行为。第二，由于对 DICE 模型中的大多数关系了解不多，我们在以后几章就会把相当大的注意力用于敏感度分析和我们忽略的成本分析。模型越大，进行全面的敏感度与不确定性分析也越困难。最后，从计算的角度，在可以迅速得到能用于个人电脑的软件包的计算能力上 DICE 模型已经显得捉襟见肘了，而且我们已经有了构建一套供其他研究者方便使用的模型的目标。在模型编制中，小型数据模型是真正实用的。

为了包括更多的经济部门、更多的海洋层次、更多的温室气体、更多的能源资源，不止一个区域——这些中的任何一项都会降低透明性，但损失了进行敏感度分析的能力，并把模型置于现在计算可行性之外。对那些感到他的原则被违背的人我们深表歉意，同时这种歉意也将转化为主动行为，通过提供关键地球物理或经济过程的更好的简约陈述来提高我们能被理解的可能性。

然后，根据跨学科的宏观科学精神，现在这一章将分析两种重要的物理关系——排放、浓度和一个气候小模型之间的关系。这每一个都是 DICE 模型的必要组成部分。

碳循环

这一节将展示在这种研究中提出的最优增长模型中使用的一个简单的碳循环模型。第一节展示这个模型，而第二节提供统计估算和参数估算。

模型

按最普遍的方法，在这种研究中我们假设温室气体积累和传送可以用一个线性（或者更准确地说，线性化的）矩阵模型来代表，在这个模型中，每一个矩阵都是充分混合的。下面我们将用碳循环的参数来估算模型，因为一旦氯氟烃逐渐停止，二氧化碳就成为政策集中的领域。还应该注意，因为一阶流入的不确定性，模型中流量的准确性是主要问题。本质如下，令：

$m_i(t) = M_i(t) - M_i^* =$ 在 t 时间时碳聚集层或矩阵量的总碳量 $M_i(t)$

   与均衡的前工业社会的水平 M_i^* 之间的背离；   矩阵 1

$\mathbf{m}(t) = m_i(t)$ 的列向量；   矩阵 2

$\alpha_{ij} =$ 从矩阵 i 到矩阵 j 每年的传送；   矩阵 3

$\mathbf{A} = \alpha's$ 的 $n \times n$ 矩阵，有第 j 列的第 i 因素是 α_{ij}；   矩阵 4

$\mathbf{E}(t) =$ 碳排放的列向量。   矩阵 5

注意，在这一节用 $\mathbf{m}(t)$ 标记作为大气中浓度与前工业社会时均衡的背离。在这种研究的其他地方我们考察总存量 $\mathbf{M}(t)$。我们用以上引入的标记来代表更密集的动态与统计估算。

矩阵 1= 大气，矩阵 2= 深海，矩阵 3= 海洋的混合层，矩阵 4= 长期生物圈，矩阵 5= 短期生物圈。[1] 注意，在这种研究的平衡中，当我们把符号 M 用于碳团时，我们也用 M_1 指大气中的碳。以下我们假设，所有排放都进入大气（矩阵 1），并用符号 $E(t) = E_1(t)$。因此：

[1] 这个模型是马赫塔（Machta，1972）提出的分析方法的简化，而且诺德豪斯（1979）在第 8 章中使用过。

$$\mathbf{E}'(t) = [E(t)\,00\cdots0] = [E_1(t)\,00\cdots0]$$

这里 $\mathbf{E}'=E$ 的换位。然后我们可以写出我们的系统如下:

$$\mathbf{m}(t) = \mathbf{A}\mathbf{m}(t-1) + \mathbf{E}(t-1) \qquad (3.1)$$

在这种处理中,我们假设短期存在的生物圈、海洋的混合水平(比如说,50米到100米)以及大气是充分混合的。(一种更为完全的处理只轻微地改变结果。)从这种计算中略去了短期与长期生物圈的摄取,而且假设它在大气和深海之间没有流动。

最后,我们假设在充分混合的储存地(矩阵1和矩阵3)大气中包含的碳团的比率为 β。然后就容易看出,β 是边际大气存留率,它是在第一时期大气中保留并观察到的排放增加一单位的比例。这应该不同于大气中存留率的正常定义,大气中所观察到的总变动 M 与总排放的比率(它是平均大气中保留率)。

回想一下,$m_1 = \beta(m_1 + m_3)$,可以得出:

$$m_1(t) = \beta E(t-1) + \alpha^* m_1(t-1) + \beta\alpha_{23}m_2(t-1) \qquad (3.2)$$
$$m_2(t) = [(1-\alpha^*/\beta)]m_1(t-1) + (1-\alpha_{23})m_2(t-1) \qquad (3.3)$$

在这里,α^* 是矩阵1和矩阵3混合阶次的转移系数,并反映了限制条件 $m_1 = \beta(m_1 + m_3)$。方程式(3.2)和方程式(3.3)是我们以下估算的基本方程式。

统计估算

　　研究最优增长模型的目的，是想要找到一个简单的碳循环的代表。这是通过把方程式（3.2）和方程式（3.3）中的模型运用于所观察到的碳循环数据完成的。大气浓度只包括二氧化碳，计算得出其与前工业社会基线的背离，它可以被认为是大气碳的 5900亿吨。我们把深海作为一种无限沉没，在一个世纪左右这也许是合理的。但在与线性假设结合时，这种方法会低估一个较长时期的大气浓度。这些假设意味着，$\alpha_{23}=0$，因此我们可以把方程式（3.2）重新写为：

$$m_1(t)=\alpha^* m_1(t-1)+\beta E(t-1) \qquad (3.4)$$

　　从碳循环研究中，我们取 α^* 是 $1-1/\tau^M$，这里 τ^M 是 "e 封闭时间"，[1] 或者是深海传送的时间。关于传送时间有一些争论，但大多数估算的范围在 100 年到 500 年之间。[2] 通过考察更全面模型的行为可以用（3.4）这样简单的一个方程式代表参数化。西根塔勒（Siegenthaler）和奥斯查格（Oeschger，1987）以及迈尔-赖默尔（Maier-Reimer）和哈塞尔曼（Hasselmann，1987）提出的模型

---

[1]　物理学家用 "e 封闭时间" 的概念来说明动态系统中延迟的时间。这是在一次冲击后它原来的值分解腐烂到 $1/e = 0.37$ 的时间。这个概念来自指数衰变。假定一个过程是根据 $dM(t)/dt = -\delta M(t)$ 来演变的。在 $M=0$ 的均衡开始，比如说有一次在 $t=0$ 时 ϵ 到 M 的冲击，则 $M(t) = \epsilon$ 指数 $(-\delta t)$。因此，当 $t=1/\delta$ 时，$M(t) = M(0)/e = \epsilon/e$。这就是术语 e 封闭时间。

[2]　IPCC 显示："表面的水渗透到充分低于海洋的混合层，平均而言需要几百年到 1000 年左右。"

说明，τ^M=120 年，范围为 50—200 年（IPCC，1990）[1]。然后这就给出我们方程式：

$$m_1(t)=[1-(1/\tau^M)]m_1(t-1)+\beta E(t-1) \qquad (3.5)$$

我们把这个公式用于波登（Boden）、坎西罗克（Kanciruk）和法雷尔（Farrell，1990）对能源和水泥估算的全球碳排放和浓度的数据。我们通过增加美国环境保护署（EPA，1989）对砍伐森林的估算扩大了排放数据。从 EPA 报告中可以看出总排放在 1860—1985 年时期是 1450 亿吨碳，而 IPCC 估算总排放为 1150 亿吨碳。因此我们根据 115/145 的比率向下调整每年 EPA 的数字。图 3.1 说明了构建的二氧化碳排放与计算的浓度增加的序列。可能的情况是，排放数据比浓度数据还要受更多错误的限制，特别是由于从1958 年开始以后有了直接的衡量。

方程式（3.5）是用有与没有常数（允许遗漏的排放来源的可能性），以及有没有存留的一阶自相关性（允许遗漏变量）的估算。时期是从 1860 年到 1989 年。结果如表 3.1 所示。一阶错误相关性是比较小的，因为方程式实际上是一个一阶差别规定，因此有一阶相关性的结果并未包括在内。

───────────

[1]　如果迅速混合的矩阵实际上不在短期的均衡时，如果缓慢混合的矩阵不是在深海而在数量上是重要的，或者如果是非线性的，这种方法就出现了重大缺点。特别可能的情况是，森林中的碳摄取比深海中的时间范围短，而且这会影响统计估算。此外，卡斯汀（Kasting）和沃克（Walker），在 1992 年指出，线性假设可能严重低估了大气中碳的存留。卡斯汀提出，三倍于前工业社会浓度的二氧化碳排放在大气中的存留期（e 封闭时间）在 380 年到 700 年之间，而不是 IPCC 假设和这里用的 120 年（个人通信）。

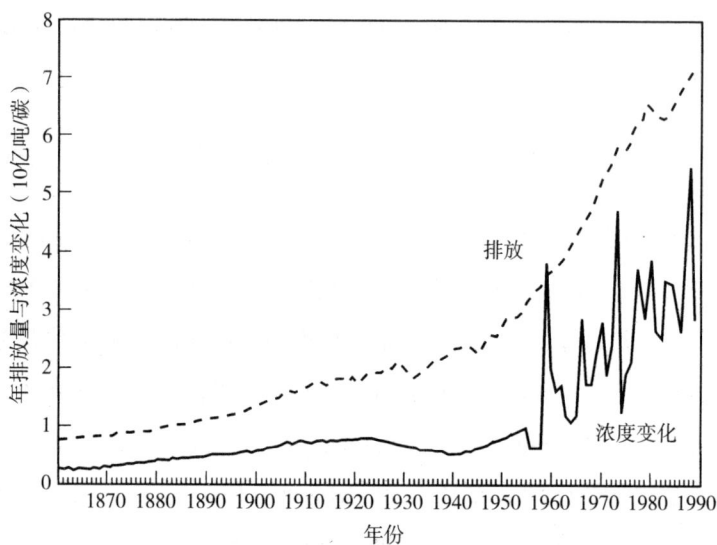

图 3.1 1860—1989 年二氧化碳排放与大气中二氧化碳浓度变化
资料来源：波登、坎西罗克与法雷尔（1990）。

表 3.1 碳循环方程式的估算

	无常数			有常数		
	$\tau^M=200$	$\tau^M=120$	$\tau^M=50$	$\tau^M=200$	$\tau^M=120^{**}$	$\tau^M=50$
β	0.56	0.64	0.89	0.61	0.67	0.87
se$(\beta)^+$	（0.015）	（0.015）	（0.015）	（0.027）	（0.027）	（0.027）
SEE[*]	0.527	0.519	0.514	0.519	0.517	0.514

样本时期：1860—1989 年。

*SEE= 方程式的标准差。

** 对 $\tau^M=120$，常数是 –0.127（0.09）。

+ 系数的标准差在参数中。

正如以上讨论的，对有效地传送到海洋的时间有各种估算，我们选取了更好的 120 年估算与可供选择的 50 年和 200 年的值。如果包括一个常数项（代表排放衡量的失误），这就得出 –0.13 的估算（每年几十亿吨碳）。不变项的解释是排放被高估了，尽管高估得极小。有常数的方程式表明，遗漏的排放来源为 –0.13（±0.09）排放的 10 亿吨以及 β = 0.67（±0.027）。如果我们假设不变项是假的且并不包括它，对边际大气存留率的最好猜测就略低于 β = 0.64（±0.015）。

图 3.2 说明，对 τ^M=120 年生存期回归的实际与预期值。预期

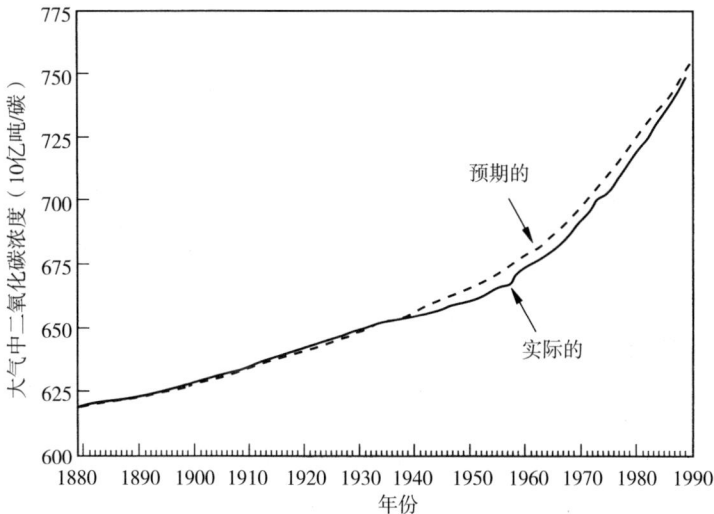

图 3.2　1880—1990 年实际与预期的二氧化碳浓度

说明：图 3.1 中为实际的。从书中所说明的方程式预期的。方程式用大气中的存留时间为 120 年并废除了常数。

是"动态的"预期；这就是说，它用了二氧化碳浓度的初始状态和模拟的没有按方法校正错误的方程式（用作为独立变量的浓度增加的实际值的方程式好得多）。正如可以看到的，没有常数项的估算方程式更合理地跟踪了浓度，虽然方程式也会在 1940—1960 年被过分预期了。1960 年以来，预期的增长略小于实际的，因此到时期结束时动态的预期与目标是接近的。在任何情况下，在基本数据衡量的失误范围内，结果可能是好的。

最后，图 3.3 说明了用"最小平方回归"的参数 β，这是一种估算从一个既定出发点到不同终点方程式的技术。这个估算用了存留估算为 $\tau^M = 120$ 年，并废除了常项。方程式说明，从 1860 年到横轴表示的时期的一个样本时期的参数估算；此外，说明了系数两个标准差的误差加与减的范围。这个图主要的迹象是随着最近 30 年中更多的数据出现边际大气存留率（β）的估算上升的。到 1960 年的估算给了 0.55，而到 1989 年表 3.1 中给出的估算是 0.64。标准差的路径说明，估算值的增加不可能是样本的失误。其他怀疑的可能是规范的误差与衡量的误差。估算值的增加最可能的原因是碳沉没日益饱和，因此，非大气沉没中的摄取一直在下降。

对碳循环的模型编制，我们用表 3.1 中说明的统计估算。在图 3.3 中表示的边际大气存留率向上的流动为既定的情况下，我们应该记住模型可能低估大气中存留的可能性。

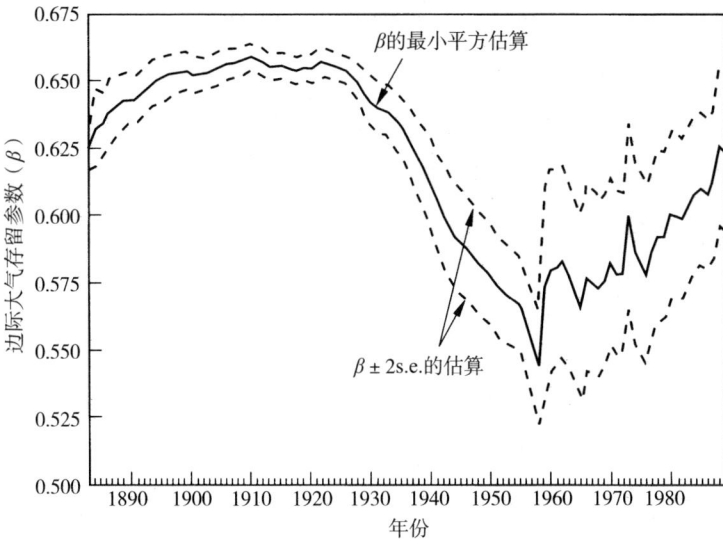

图 3.3　大气中存留参数的递归估算

说明：方程式用了存留期 120 年以及抑制常数。对一个既定年份的观察是，表明从 1860 年这一时期以来估算的回归系数。所估算的系数正如实线所表示的，而系数两个标准差的系数加与减正如虚线表示的。

气候变化的一个小模型

导言

　　气候模型编制者开发出用于估算增加的温室气体对气候变量影响的各种各样方法。整体上说，不幸的是，现有的模型过于复杂以至于没有被包括在这里使用的一种经济模型中。一般用作最大满足的模型是大型的一般循环模型（GCMs）。要简单地完成一次模拟也需要超级计算机几百小时的时间，而且在这里开发的一种最优模型中包括这些是不现实的。

现在 GCMs 的另一个困难是它们是用估算二氧化碳浓度变化对温度水平和其他变量均衡的影响。对经济分析来说，它基本是解释气候对温室气体浓度反应的动态或转瞬即逝的性质。现在，只有少数模型用于估算瞬间的路径，而且这些模型只是开始把深海结合进他们的计算中。

为了开发一体化的气候与经济模型，必须有一个可以把温室气体浓度与主要气候变量联系起来的较小的模型。我们选择了在随后的分析中只包括温室气体对全球中值温度的影响。虽然这种分析主要集中在全球平均的表面温度上，但它也承认，这个变量对影响并不是最重要的。像降雨量或水流——与极端的干旱、洪水或冰冻——这些变量比仅仅是平均温度对经济活动的影响更重要。选择中值温度是因为它是气候变化一个有用的指数，它可以与大多数其他重要的变化相关。用统计学的语言说，温度对其他变量是一种"充分的统计"，其他变量对人类和自然社会也有重要的影响。[1] 图 3.4 中说明了这一点，这个图描绘了在许多模型中估算的二氧化碳浓度加倍时，其对中值温度和降雨量的影响。这个图说明，预期的温度与降雨量变化之间具有高度的相关性。由于降雨量和其他变量与全球温度变化的范围高度相关，我们可以放心地把温度变化作为像 DICE 模型中这样全球方法影响代表的指数。

---

[1] 参看萨瓦格（Savage）关于充分统计的讨论（1954）。

这里所用的方法从用来代表气候变化基本动态的一个简化的最小模型开始,然后我们用较大的模型来校准小模型的主要参数。但应该强调的是,这种代表是高度简化的,气候学家和气候模型编制者的主要努力是必须开发一种把气候变化和温室气体浓度联系起来的充分而小型的代表。

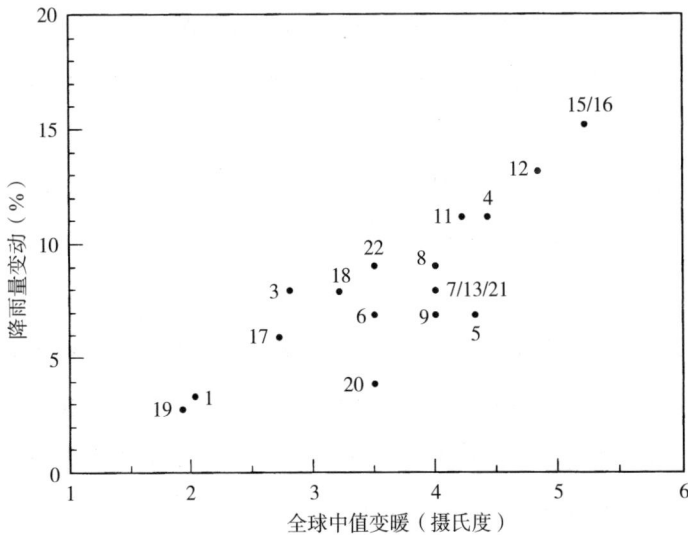

图 3.4 在由 IPCC* 概述的模型中均衡的温度变化与降雨量变化之间的关系
资料来源:IPCC,1990 年,第 138 页。
* 以下的数字指 IPCC 模型的数字。

模型

我们的兴趣在于开发一个能准确地抓住 10 年时间范围内气候广泛总量的模型;这种方法不同于标准的 GCMs,GCMs 能在几小时或者甚至几分钟范围内运算。就我们的目的，开发一个全球平均的高度的气候系统模型是有用的。

下面，我们用包括大气—土地部分和许多海洋水平的多层次系统代表气候。在最简单的方法中（我们称它为"一方程式模型"），这个系统包括了一个大气和一个海洋层次；在这个模型中，系统用全球平均表面温度的一个变量来代表。

在更为复杂的方法（我们称它为"两方程式模型"）中，系统包括一个大气层、一个上层海洋以及一个低层海洋。在这两种情况下，系统有一个由于太阳辐射而变暖的大气层，而且在短期中辐射是均衡的。空气与上层海洋迅速地交换能量，这就由于它们的热能力给系统带来某个量的热能惯性。在两个方程式模型中，海洋上层与代表深海的低层交换水，而且热传送率与水交换率是同比例的。这个模式是一个矩阵平流模型，包括在经济模型中的这个模型比混合矩阵平流模型简单，而且向上扩散方法在今天的中等和大规模模型中都得到广泛运用。在两方程式模型中两种变量是全球平均表面温度和深海温度。

这里的方法密切跟随施奈德（Schneider）和汤普森（Thompson，1981）开发的模型。为了简短，我们说明了两方程式模型，而且在更加完全的模型讨论后一方程式模型就容易说明了。假设一个双大气—海洋模型，在这个模型中有两个充分混合的层次——一个是大气与混合的上层海洋，第二个是深海。假设这两个层次的每一个都是充分混合的。温室气体的积累使空气变暖，然后它又与变暖的上层海洋混合，这又使深海变热。系统中的滞后主要是由于两个层次的热能惯性。

气候模型编制相当于以上碳循环采用的方法。从以下变量开始：

$T_i(t)$ = 在 t 时期 i 层的温度（衡量与前工业时期的差别，C 度）；

$\mathbf{T}(t) = T_1(t)$ 的一个列向量；

τ_{ij} = 每年从 i 层传送到 j 层的热量；

$\Gamma = \tau's$ 的 $n \times n$ 矩阵，在这个矩阵中 j 行的 i 因素是 τ_i；

$F(t)$ = 大气中的辐射力；

$\mathbf{F}(t)$ = 辐射力的列向量，传送为 $\mathbf{F}'(t) = [F(t)\, 0 \cdots 0]$。

这个系统可以写为如下：

$$\mathbf{T}(t) = \Gamma \mathbf{T}(t-1) + \mathbf{F}'(t) \qquad (3.6)$$

在两方程式方法中，有两个阶层或层次。为了简化，我们用 T（细体字）作为大气、土地和上层海洋的温度，T^* 作为深海的温度。施奈德和汤姆逊（1981）用了（3.6）的两方程式模型的修改版，它以有限差别的形式给出了：

$$T(t) = T(t-1) + (1/R_1)\{ F(t) - \lambda T(t-1) - (R_2/\tau_{12})[T(t-1) - T^*(t-1)] \}$$
$$T^*(t) = T^*(t-1) + (1/R_2)[(R_2/\tau_{12})(T(t-1) - T^*(t-1))]$$

$$(3.7)$$

在这种方法中，R_1 是大气层和上层海洋的热能力，R_2 是深海的热能力，而 τ_{12} 是从上层海洋向深海的传送率。在所有模型中一

个关键变量是 λ，或者"反馈参数"。这个参数是代表二氧化碳加倍对气候均衡影响的一种方法，而且我要简短地评论它的重要性。

比较两方程式模型与更简单的版本（更简单的版本往往用来说明气候系统的均衡行为并用于诺德豪斯（1991c）的静态成本—收益分析）的结果是有用的[1]。为了得出一方程式模型，我们把海洋作为一个充分混合的矩阵（虽然它比在两个方程或模型中海洋的两个层次浅薄），即：

$$T(t)=T(t-1)+(1/R_1)\left[F(t)-\lambda T(t-1)\right] \qquad (3.8)$$

这种"一度的"模型在温室力量影响的讨论中广泛运用。通过对不变的了解方程（3.7）或方程（3.8），容易看出，辐射力变化长期或均衡的影响是 $\Delta T/\Delta F = 1/\lambda$。我们用参数 $T_{2\times CO_2}$ 来代表二氧化碳浓度加倍对全球中值表面温度的均衡影响。解出方程（3.7）或方程（3.8），我们看到，$T_{2\times CO_2}=\Delta F_{2\times CO_2}/\lambda$，这里 $\Delta F_{2\times CO_2}$ 是二氧化碳加倍引起的辐射力变化。数字来源中给出了 $T_{2\times CO_2}$ 的导出过程。

为了说明大型 GCM_S 行为，提出了一种关于这个系统的更复杂的变形。例如，施勒辛格（Schlesinger）和江（Jiang，1990）的研究提出了一个七层次模型，并用俄勒冈州立大学模型的 GCMs 计算来参数化。在原则上，模型可以结合到这里的经济模型中，尽

---

[1]　在第六章中我们讨论一方程式与两方程式模型的相对优点。

管它不像这种研究中用的模型那样更为灵活与透明。这里用的方法的主要优点也是气候变化中两个主要问题——均衡的温度—二氧化碳敏感性和调整速度——都可以用参数 λ 和（$1/R_1$）来代表。

校准总循环模型

下一步是要找到方程（3.7）和方程（3.8）中简化气候方程式的适当数字代表。我们通过根据三个气候模型的短暂运算加用历史数据这种方法来计算模型并校准模型。这一节说明根据 GCMs 的校准。

为着校准的目的，我们考察了三个不同的模型。[1]

ST：第一个是施奈德和汤普森的方法（1981）。这个研究形成的两方程式模型等于（3.7）的方程式；它的缺点是相对于较大型模型的高度简单化。为了利用 ST 方法，我们构建了明显使用最初研究中提出的参数的模型。

SMB：最全面形成的模型是斯托夫（Stouffer）、马纳伯（Manabe）和布赖恩（Bryan，1989）开发的双大气—海洋模型。这个模型高度分解了大气和海洋的代表，并提供了减缓二氧化碳浓度上升影响的透明计算。[2]

---

[1] 作者感谢施奈德和施勒辛格在帮助理解和运用他们模型中睿智而慷慨的建议。

[2] 前者是与书中讨论的试验用同样二氧化碳浓度增加的 SMB 模型的一个阐述。估算的全球中值温度的轮廓极接近于早期的模型。第二个研究考察一次增加的运算，这次运算把大气中二氧化碳浓度增加到前工业社会水平的四倍。$4 \times CO_2$ 运算惊人的发现是，大气—海洋系统陷入次要的、有不同海洋循环的地方性均衡。

SJ：第三个模型是按这里用的方法的精神形成的，是施勒辛格和江（1990）双大气和六层海洋模型的小型模型中俄勒冈州立大学模型的一个参数代表。这个模型用大型模型来决定小型模型中的参数，然后用小模型来计算长期中的短暂值。

方程（3.7）和方程（3.8）中的模型可以用以下 4 个参数：R_1、R_2、τ_{12} 和 λ 来代表。前两个参数可以代表大气、土地和海洋上层的热能（R_1）以及深海的热能（R_2）。第三个参数代表两层之间的传送系数。参数 λ 是给关键的二氧化碳温度均衡关系的反馈系数。

出于校准的目的，我们从以上说明的三个模型的均衡运算中取出反馈系数（λ）（这就有效地假设，对每一个辐射力存在唯一而稳定的长期均衡）。根据科学研究，二氧化碳浓度加倍将增加每平方米地球表面变暖 4.1 瓦特。从这一点可以看出，$4.1/\lambda = T_{2 \times CO_2} =$ 二氧化碳浓度加倍对全球表面温度的均衡影响。图 3.4 显示出，对 IPCC 评论的许多模型的 $T_{2 \times CO_2}$ 值。美国国家科学院最近的报告（今后，NAS，1992）得出结论，$T_{2 \times CO_2}$ 的值在 1 ℃和 5 ℃之间。对不同模型参数 λ 的值如表 3.2 中所说明的。

对上层和下层之间传送的参数可以从不同储存地热能的经济研究和经验估算中获得，一旦决定了储存地的规模就很容易算出。ST 模型把大气、土地和上层海洋作为第一个储存地，它相当于海洋最上层的 133.5 米。这里适用的参数是 R_1，它是大气和海洋上层有效的热能。第二个储存地是深海（取 1500 米深度）：深海的热能 R_2 大得多。计算说明，对以上假设，R_1=13.2 瓦特

表 3.2 最小气候模型三个 GCMs 的参数

A. 一方程式模型（方程式 3.8）

模型	λ	$T_{2\times CO_2}$	$c(1)=1/R_1$	$c(3)=R_2/T_2$	$1/T_2$	e 封闭时间（年）	海洋表面温度（℃）
施奈德—汤普森	1.33	3.08	0.026	0	0	29	0.034
斯托夫—马纳伯—布赖恩	0.98	4.20	0.030	0	0	34	0.011
施勒辛格—江	1.41	2.91	0.024	0	0	30	0.064

B. 两方程式模型（方程式 3.7）

模型	λ	$T_{2\times CO_2}$	$c(1)=1/R_1$	$c(3)=R_2/T_2$	$1/T_2$	e 封闭时间（年）	海洋表面温度（℃）
施奈德—汤普森	1.33	3.08	0.075	0.44	0.002	13	0.000
斯托夫—马纳伯—布赖恩	0.98	4.20	0.065	0.44	0.002	25	0.014
施勒辛格—江	1.41	2.91	0.048	0.44	0.002	19	0.050

资料来源：根据书中说明的模型校对参数。
说明：参数指每年数据。

一年 / ℃ $-m^2$，R_2 = 223.7 瓦特一年 / ℃ $-m^2$。这里主要有疑问的假设是两个层次的海洋之间边界的深度。

根据计算的热能的基础，我们就可以计算，关于 ST 模型 $1/R_1$=1/（13.2 瓦特一年 / ℃ $-m^2$)=0.075（℃ $-m^2$/ 瓦特一年）的值。对其他两个模型，我们根据（3.7）和（3.8）中的方程式系统估算参数。估算的数字会不同于 ST 模型计算的值，因为中间层的存在，与两层模型相比，它会给上层带来更明显的大的规模。

剩余的参数，传送系数是高度不确定的，不能根据基本物理学准确地决定。传送系数（τ_{12}）指在深层与上层之间水传送的速度。施奈德和汤普森根据布勒克尔（Broecker）和彭（Peng，1982）的研究提出 τ_{12} 的值 =550 年。其他研究用了较短时期。出于校准的目的，我们把 ST 的值略微下调到 τ_{12}=500 年，把这个值与 R_2 的值结合起来，我们得出，方程式（3.7）中第一个方程式的最后一个系数，即 R_2/τ_{12}=223.7（瓦特一年 / ℃ $-m^2$）/500 年 = 0.44 瓦特 / ℃ $-m^2$。

校准模型的最后一步按以下决定。对 ST 模型，我们说明模型并计算不同层次准确的温度路径。然后我们用迭代最小平方[1]计算方程式（3.7）和（3.8）的参数[1]。由于温度是用方程式（3.7）中

---

[1]　对"迭代最小平方"，我们的意思如下：（3.7）中的方程组是一组递归的非线性方程式，并不容易直接计算，而且也不能直接观察到低层的温度。因此我们用其他方程式的值估算每一个方程式，而且直至内生变量的值收敛，方程式之间是迭代的。这种做法会低估标准差，但它对这种研究的目的足够了。

的公式计算的，所以可以说年度方程式与两方程式模型完全一致。方程式不太适合一方程式模型，因为两个层次被迫像一个层次一样运行。表 3.2 说明了对一方程式和两方程式修改版模型估算的参数。最后一行（SEE）说明方程式估算的标准差（按 ℃），相对于实际观察而言，这并不是一种误差，准确地说，它代表了相对于最优模型、小模型中接近的误差。整体上说，误差是几百年 1 ℃，从而代表大型模型的计算是完全准确的。

对 SMB 模型，我们从计算模型的温度路径开始（斯托夫博士友善地提供的）。这条路径是模拟的 5、15…95 年，在这个模拟中，二氧化碳浓度每年综合增长 1%。然后我们使多项式函数与得出修改值的路径一致。接下来，我们用 ST 模型的计划来计算低层海洋的温度值。最后，我们估算一方程式和两方程式模型对大气的修改值，及估算的低层海洋的值（这个值在表 3.2 中列出）。

此外，在图 3.5 中我们说明了 SMB 模型的初始值（正如在总循环时说明的）、修改值（TRFOR），以及对一方程式和两方程式模型的估算值（分别为 TRFOREQ1 和 TRFOREQ2）。此外，表 3.3 说明了四个系列相关的矩阵。显而易见的是，小模型的方程式与计算完全一致，平均绝对误差小于 0.1 ℃。

对 SJ 模型，我们用了与 SMB 模型同样的方法。我们根据了在 10 年期间大气、上层海洋和低层海洋计算的温度增加的研究；然后我们用多项修改计算了每年的数字；最后，我们用普通最小平方估算了自由参数。表 3.2 中说明了参数的估算值。

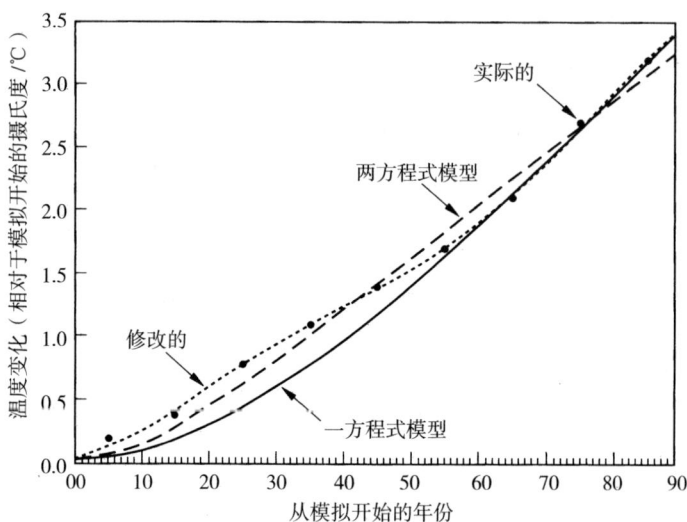

图 3.5 实际的、修改的以及最小模型：SMB 一般循环气候模型的估算
资料来源：如书中说明的。

表 3.3 在 SMB 模型中供选择的各规定之间的联系

变　　量	TR	TRFOR	TRFOREQ1	TRFOREQ2
TR[a]	1.0000	0.9994	0.9963	0.9947
TRFOR[b]		1.0000	0.9961	0.9951
TRFOREQ1[c]			1.0000	0.9956
TRFOREQ2[d]				1.0000

说明：

a. TR＝根据斯托夫、马纳伯和布赖恩 1989 的实际模型计算；

b. TRFOR＝最好与 TR 系列一致的多项修改；

c. TRFOREQ1＝普通最小平方估算方程式（3.8）到 TRFOR 中的一方程式模型；

d. TRFOREQ2＝普通最小平方法估算方程式（3.7）到 TRFOR 中的两方程
　　式模型。

来自历史数据的估算值

全球气候变化领域研究者的任务之一是用历史数据来检验或证实模型的计算。这个题目与兴趣无关，但在这种研究中我们比较模型预期与仪器的记录，以决定上一节说明的模型与温度变化的实际历史记录是否相当一致。

在这一节，我们用大气辐射力和所观察到的中值大气表面温度的历史数据来估算（3.7）和（3.8）方程组的值。温度系列包括了 1862—1989 年的数据，并根据了琼斯（Jones）、威格利（Wigley）和赖特（Wright，1990）的估算。这些数据试图包括陆地与海洋的静止状态，尽管只包括了少数几个地区。此外，我们用各种大气中浓度的数据计算来自四种主要温室气体的辐射力，并把这些用到威格利提出并在 IPCC 的报告中使用的传送辐射力的系列中。

估算技术如下。对浓度，我们说明了两方程式模型的技术，然后解释了如何把它运用于一方程式模型。我们可以像以下那样重写两方程式模型：

$$T(t)=T(t-1)+\alpha_1\{F(t)-\alpha_2 T(t-1)-\alpha_3[T(t-1)-T^*(t-1)]\}$$
$$T^*(t)=T^*(t-1)+\alpha_4[T(t-1)-T^*(t-1)] \tag{3.7'}$$

这里，$\alpha_1=(1/R_1)$，$\alpha_2=\lambda$，$\alpha_3=R_2/\tau_{12}$，以及 $\alpha_4=(1/\tau_{12})$。数据中有一些不充分的变动允许我们的估算超过方程（3.7'）中的两个参数，因此我们用模型的具体数据来校准两个最不重要的参数 α_3 和

α_4。根据上一节，这里可以取 $\alpha_3 = 0.44$，而 $\alpha_4 = 1/500$。注意深海的温度数据 T^*，现在并得不到。

此外，我们假设，有随机项，它既可以反映结构的规定失误（例如，由于厄尔尼诺引起的振动）又可以反映随机的外在力（例如火山的影响或者太阳的亮度），我们把这些作为有一阶自我回归失误的随机项。根据估算对方程（3.7′）的线性接近，我们得出自相关系数为 0.8 的估算，并把它用于估算：

$$u(t) = 0.8u(t-1) + \epsilon(t) \qquad (3.9)$$

这里，假设 $\epsilon(t)$ 是独立的而且分布是相同的。注意，我们略去了火山活动这样的变量，它在统计上与人为的温室气体无关，并不会偏向参数的估算而且也不会扭曲标准差。

把假设结合起来，我们就可以得出估计的最后方程式：

$$T(t) = T(t-1) + \alpha_1 \{ F(t) - \alpha_2 T(t-1) - 0.44[T(t-1) - T^*(t-1)] \} + u(t)$$

$$T^*(t) = T^*(t-1) + 0.002[T(t-1) - T^*(t-1)] \qquad (3.10)$$

要直接估算这个方程式组是困难的，因此我们用大量程序来估算参数。第一个程序是略去自发递减的项并用非线性最小平方估算方程式。在这个程序中，我们用两个温度系数特定的值并估算惯性项（α_1）。表 3.4 说明了这些估算的结果。惯性变量（α_1）在各种不同规定中并没有重大不同，范围从 0.014 到 0.020。

表 3.4 根据历史数据估算的模型的值

A. 一方程式模型（方程式 3.8）

假设	λ	$T_{2\times CO_2}$	$c(1)=1/R_1$	$c(3)=R_2/T_2$	$1/T_2$	e 封闭时间（年）	海洋表面温度（℃）
低温度敏感度	4.00	1.03	0.020（0.0072）	0	0	13	0.121
高温度敏感度	1.00	4.10	0.014（0.0105）	0	0	63	0.124

B. 两方程式模型（方程式 3.7）

模型	λ	$T_{2\times CO_2}$	$c(1)=1/R_1$	$c(3)=R_2/T_2$	$1/T_2$	e 封闭时间（年）	海洋表面温度（℃）
低温度敏感度	4.00	1.03	0.020（0.0072）	0.44	0.002	14	0.121
高温度敏感度	1.00	4.10	0.016（0.0099）	0.44	0.002	96	0.123

资料来源：书中说明的数据与估算技术。

说明：参数指每年的数据。1862—1989 年间的方程式完全用普通的或迭代的最小平方。括号中的数字是系数的标准差。

评价系统的一种方法是根据它们的 e 封闭时间，这是指数化的半生存期或一个变量达到离其原点到均衡值的 63%。规定得出了高度不同的 e 封闭时间主要因为不同的反馈系数。

甚至在其他参数已经指定，特别是在 $T_{2 \times CO_2}$ 参数处于范围的高端时，惯性参数（α_1）也不能完全决定。数据指出，如果 $T_{2 \times CO_2}$ 是在数值范围的高端（比如说 3 或以上），调整的滞后比表 3.2 中的 GCM 模型长。例如，如果 $T_{2 \times CO_2}$ 的值用 4，要求的滞后系数就是一方程式模型 GCM 模型的 2/3 左右和两方程式模型的 GCM 模型的 1/3 到 1/5。换个说法，对 $T_{2 \times CO_2}$ 为 4，e 封闭时间就是一方程式模型中的 63 年左右，相比之下，在 GCMs 中其值为 29—34 年。

在括号中给出了在表 3.4 的估算下的系数的标准差。此外，我们已经说明了像海洋表面温度这样的方程式的标准差。海洋表面温度实际上等于四个估算的方程式，显而易见，在四种规定中可能性函数是极其平坦的。

为了抓住方程（3.10）中的完全规定，我们提供一个对参数不同结合的方程式的可能函数估算。在这一组估算中，我们选择温度敏感度系数 $T_{2 \times CO_2}$ 的五个不同的值，这些是二氧化碳浓度每加倍一次的温度值为 1 ℃、2 ℃、3 ℃、4 ℃、5 ℃。此外，我们还估算对四个不同的 α_1= 0.01、0.02、0.05 和 0.10 值的方程式的可能性。这些代表根据表 3.4 中说明的理论模型从一半到五倍的数字的热惯性。

表 3.5 和图 3.6 显示了每 20 种参数结合的估算的可能性。这些

表 3.5 不同参数的可能性：气候系统的两方程式模型

惯性参数（α_1）	温度敏感度系数（$T_{2\times CO_2}$）					
	5.0	4.0	3.1	2.0	1.0	总计
0.01	0.090	0.102	0.111	0.103	0.050	0.455
0.02	0.010	0.024	0.054	0.106	0.072	0.264
0.05	0.000	0.001	0.006	0.059	0.087	0.152
010	0.000	0.000	0.001	0.035	0.092	0.128
总计	0.100	0.126	0.172	0.303	0.300	1.000

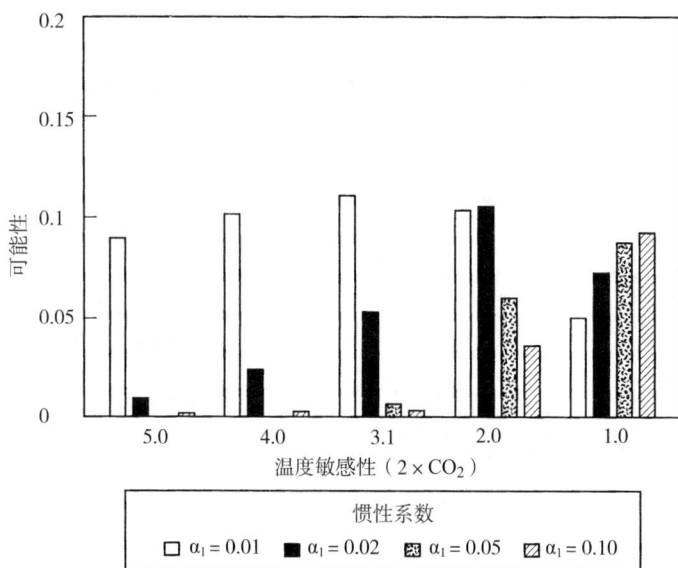

图 3.6 不同模型的可能性（来自全球温度，1865—1990 年）

资料来源：方程式（3.10）是用辐射力和所观察到的全球平均表面温度变化估算的。可能性是对 20 组参数（5 个气候敏感系数乘以 4 个惯性系数）进行的估算，而且这些被归一化为总和。每一个柱形说明，对某种参数结合正常的可能性。

估算表明，既可能是惯性系数（α_1）极低（0.01 左右），也可能是温度敏感度系数处于范围的较低端。惯性系数的低值说明，所观察到的温度增加是缓慢的，因为系统中的热惯性比任何模型所说明的都高得多。温度敏感系数在 α_1 = 0.01 时 3.1 到 5 的高值可能性说明这种情况是可能的。其他有高度可能性的系数组是 1 和 2 的 $T_{2 \times CO_2}$，在这种情况下几乎任何惯性系数都是可能的。惯性参数估算的条件是由大多数模型（在 α_1=0.02 左右时）引起的，$T_{2 \times CO_2}$ 最好的估算是 2，虽然 1 与 3 的值在一半和 2/3 之间也是可能的。把 α_1 的不同

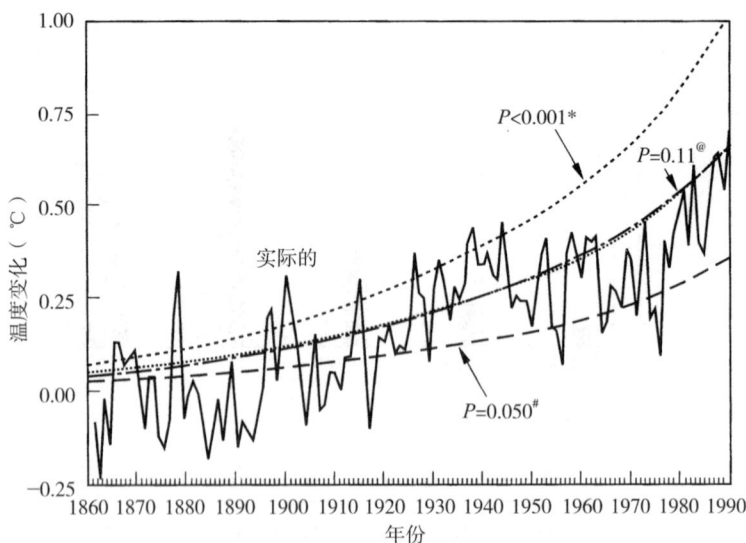

图 3.7　1860—1990 年实际与预期的全球中值温度增加

符号：*=SMB（$T_{2 \times CO_2}$=4.2；α_1=0.02）；@ = 最大的可能性结合（$T_{2 \times CO_2}$=2.0；α_1=0.02）以及（$T_{2 \times CO_2}$=4.0；α_1=0.01）；# = 最低的温度增加模型（$T_{2 \times CO_2}$=1.0；α_1=0.01）。P 值是可能性。

值结合起来，$T_{2 \times CO_2}$ 的值 1 和 2 有最高，而且几乎是同样可能的。

图 3.7 显示，根据图 3.8 和表 3.2 中说明的四个两方程式模型估算了最近 100 年中历史上温室气体的浓度对气候变化的影响。中间两条曲线是参数有最高可能性（$T_{2 \times CO_2}$=2.0 和 α_1=0.02；$T_{2 \times CO_2}$=4.0 和 α=0.01）的两种结合。这些显然是相当适合历史数据的路径。上面一条路径（$T_{2 \times CO_2}$=4.2 和 α_1=0.02）接近于 SMB

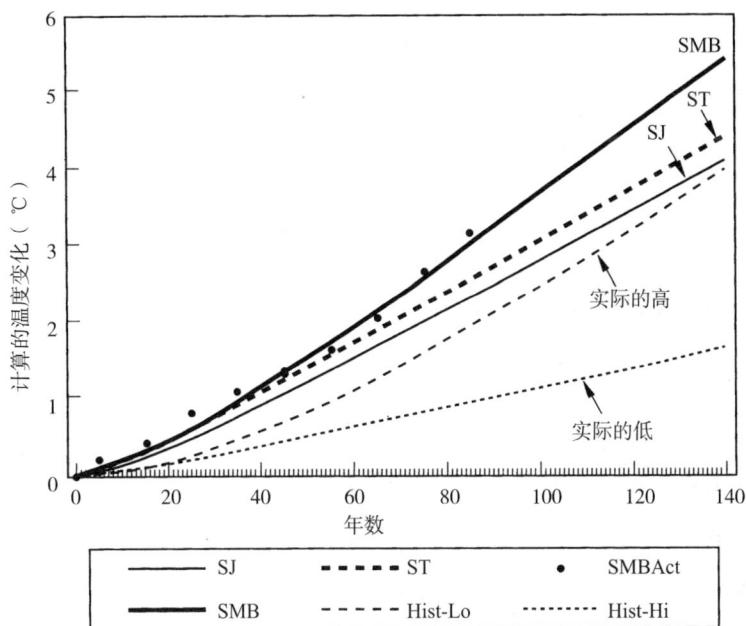

图 3.8　预测的温度上升

说明：这个图说明，每年 1% 二氧化碳浓度复利增加时气候变化计算的轨道。●指出它是根据完全的 SMB 一般循环气候模型。所有其他的都是方程（3.10）中两方程式模型不同的参数。下面的两条曲线说明轨道与实际历史温度数据是一致的。

模型而且在给出的历史数据为既定时可能性极低。下面的路径
($T_{2\times CO_2}$=1.0 和 α_1=0.01)具有高惯性和低温度敏感度,而且它也是
相当不可能的路径。

图 3.8 说明了考察可供选择模型之间差别的另一种方法。这
说明,对两方程式模型,二氧化碳浓度每年增加 1% 的结果是复利
的(70 年中加倍)。实线循环说明了 SMB 模型的计算。三条上面
的曲线显示,用表 3.2 说明的参数分析这里三个模型而引起的传送
运算。低的两条曲线显示,根据历史数据(假设 $T_{2\times CO_2}$=4.0 的高路
径和 $T_{2\times CO_2}$=1.0 的低路径)估算的参数引起的路径变化。这个图说
明,GCM 模型的困境看来是预测短期温度增加将大大超过与历史
纪录一致的增加。

模型与历史的不一致性

我们可以根据历史数据用可能性估算,来评价这里所评价的
三个模型的可能性。我们计算 20 种情况中每一种的可能性,作为
其可能性的比率来加总所有 20 种情况的可能性。最可能的情况是
p=0.111,这与 $T_{2\times CO_2}$=3.1 和 α_1=0.01 时的气候敏感度一致。用表
3.2 中一方程式模型的参数 ST 模型的可能性是 p=0.0312,对 SMB
模型 p=0.0026,而对 SJ 模型 p=0.0470。用常规的可能性比率检
验,这些模型没有一个特别有吸引力,但也没有哪一个肯定可以
被删除。

整体上说,要区分不同模型的历史数据有极大的困难。这种

情况的原因是相对于历史时期中背景的混乱而言，"温室信号"的力量是弱小的，而且，信号没有强到足以允许我们估算反馈因素与时间滞后系数。

此外，如果有与温室气体信号相关的缓慢变动趋势的变量，对历史数据的统计估算也会有偏重。两个这样的变量是最近确定的：燃烧产生的微尘与臭氧耗尽。这两种影响的力量可能与温室力量负相关，因此，温度敏感度估算可能偏低了。此外，如果存在来自自然来源的变暖或变冷的基本趋势（例如"小冰河时代"的出现），就产生有对温室力量偏高系数的不真实的关系。

历史数据给减缓气候变暖政策的经济模型编制提出了一个重大的问题。如果历史数据提供了适合的参数，那么气候的变化就比校准的模型计算慢得多。这是一个继续困扰政策研究的重大不确定性。

图 3.9 说明了不同模型关键参数估算和历史数据估算。这个图既说明一方程式模型又说明两方程式模型温度加倍系数（$T_{2 \times CO_2}$）的值，也说明达到均衡值（e 封闭时间）63% 所要求的时期。对于 DICE 模型，我们运用了从 SJ 模型结果中得出的参数对（Sc2）。这个模型的结果在 GCM 大多数结果的中间，而且 $T_{2 \times CO_2}$ 的值是在最近国家科学院小组以及 IPCC 观点判断数字的中心。[1]

---

[1] 经济模型要求一个最后的转化。模型中的时间期限是 10 年。因此我们用模型中的每一个数据并用 3.2 表说明的一年参数来模拟它。然后我们用普通最小平方建立 10 年差别的系数而不是 1 年差别的系数。

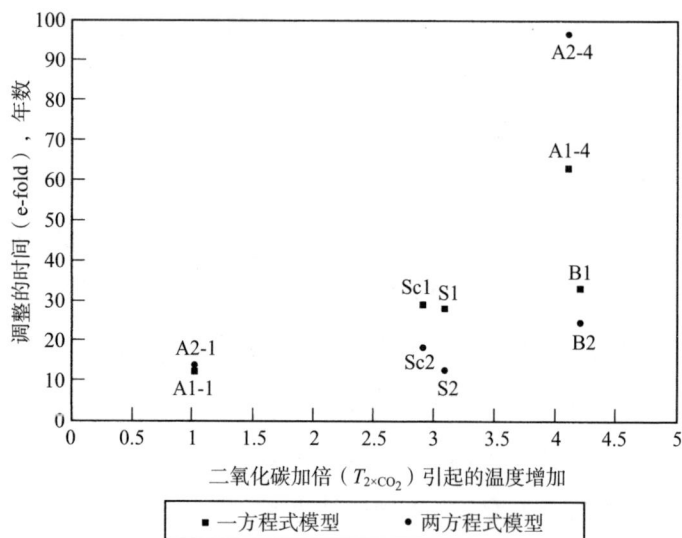

图 3.9 气候模型的参数

说明：每一点表示某个模型或估算的参数对。

符号：

A1-1：历史（$T_{2 \times CO_2}=1$，一方程式模型）　　A2-1：同样（两方程式模型）

A1-4：历史（$T_{2 \times CO_2}=4$，一方程式模型）　　A2-4：同样（两方程式模型）

Sc1：SJ 模型（一方程式模型）　　　　　　　Sc2：同样（两方程式模型）

S1：ST 模型（一方程式模型）　　　　　　　S2：同样（两方程式模型）

B1：SMB 模型（一方程式模型）　　　　　　B2：同样（两方程式模型）

a. DICE 模型中用的方程式。

　　这个结论使我们进入了宏观地球物理学。下一章将转向论述经济活动与排放和气候变化之间的联系。

第4章 |

地理经济学：能源、排放以及气候变化的经济影响

气候变化影响的估算

背景

本章继续详细推导 DICE 模型的方程式，主要集中在经济联系上。也许气候变化经济分析最有争议的内容涉及气候变化影响的估算。在 21 世纪中预测气候变化的经济影响可能是什么？在开始时，我们应该承认，在经济发展的漫长征途中，技术日益把人类与经济活动和气候的变化无常分开了。两个世纪前，工作和休闲遵循了日夜循环、季节和农作物生长时节。

今天，感谢现代技术，实际上在地球的每一种气候中，都有人类在生活并发展着。对大量经济活动来说，工资、工会化、劳动力技能和政治因素这些变量淹没了对气候变量的考虑。当一个制造业企业决定在香港和莫斯科之间投资时，气候也许甚至没有列入被考虑因素的清单。而且，随着农业在产出和就业中份额的

下降，经济发展与技术变化的过程加倍地降低了气候敏感度；资本密集、空间的供暖和制冷、封闭的航路、人工造雪以及精准的天气或台风预报，减少了经济活动对气候影响的脆弱性。

在思考气候变化的影响时，我们应该承认，集中在大多数分析中的变量——全球平均地表温度——其影响已不太突出了。相反，伴随的或作为温度变化的结果的变量——降雨量的水平，极端的干旱或冰冻，以及像冰冻点或大坝或堤坝的水平——将支配社会经济影响。选择中值温度是因为它是与更重要变量高度相关或决定气候变化的一个有用的指数。而且，应该强调，影响研究仍处于其初期，而且低收入地区的研究实际上并不存在。

现有的研究使用了各种各样的方法，包括时间序列分析、工程研究以及历史类比。气候变化对不同部门和不同国家可能有不同的影响。一般来说，不受控制的生态系统依赖大的经济部门——这就是说，严重依靠自然出现的降雨、地表河流或温度的部门——会对气候变化最敏感。农业、林业、室外休闲以及海洋活动属于这一类。像日本或美国这样的国家的经济活动是与气候变化相对分开的，而像印度这样的发展中国家在应对气候变化时更加脆弱。

现在有少数影响估算，而且一般集中在先进的工业化国家。这里所用的估算数量及数字是作为极具试验性的结果提出来的；我们预期随着研究者更关注气候变化的影响，这些估算会有相当大的改进。

现在的分析一般估算在某一段时间内气候变化对一个国家和地区的影响；研究一般集中在二氧化碳加倍或温度上升 2.5 ℃或 3 ℃时对这些国家和地区的影响。这一节得出了影响估算，但还提出了作为产出构成函数在一段时间内对气候变化影响和根据部分的气候影响估算的技术。估算根据了对美国部门影响的研究，然后作为预期的未来工业构成函数把它们运用于不同国家。

部门影响：方法

基本框架是，每个国家的气候危害都是国民生产部门构成和气候变化程度的函数。更具体地说，假设在 t 时 j 国之部门的产出是由 $x_{ij}(t)$ 给出，为了简单起见，我们假设没有不同政策和气候变化对相对价格的影响，因此可以简单地假设是不同部门的影响。

为了估算气候变化的总影响，我们假设，气候变化的影响是从前工业时代以来全球中值温度变化的函数，即 $T(t)$。假设在某个部门的危害可以采用以下形式：

$$d_{ij}(t) = \eta_i T(t)^2 Q_{ij}(t) \qquad (4.1)$$

这里，$d_{ij}(t)$ 为部门中产出的损失，η_i 为某个部门特有的危害系数，而温度的平方项反映了与少数研究一致的假设，即危害是温度增加的平方。例如，如果农业的方程式是：

$$d_{\text{farm, US}}(t) = \eta_{\text{farm}} T(t)^2 Q_{\text{farm, US}}(t) = 0.01 T(t)^2 Q_{\text{farm, US}}(t)$$

表 4.1　不同部门影响系数（二氧化碳加倍对部门的影响）

部　门	GNP 来源 （1981 年 10 亿美元）	影响 （1981 年 10 亿美元）	影响占部门的 百分比（%）
农业 [a]	61.0	3.0	4.92
能源 [b]	45.9	1.0	2.18
沿海活动 [c]	76.6	5.3	6.91
其他 [d]	2231.5	15.9	0.71
总计	2415.0	24.2	1.00

说明：

a. 这个用了与来源于农业的 GNP 是同比例的；

b. 这个用了根据价值的总能源消费的比例；

c. 把沿海与土地面积的比率作为海岸的脆弱性，假设影响是按照海岸脆弱性的平方根而增加的。GNP 的衡量是休闲和不动产；

d. 这是非农业 GNP 的比例。

　　这个方程式说明，全球中值温度上升 3 ℃将使美国农业产出减少 9%。

　　我们概述了对美国其他地方气候危害的估算（参看诺德豪斯，1991c）。从研究中我得出了表 4.1 所说明的 η_i 系数的估算。表 4.1 的最后一栏说明了变暖 3 ℃对作为国民生产总值（GNP）或国内生产总值（GDP）来源于四个部门的百分比的估算的危害。把美国的结果扩大到世界其他地方，我们进行了以下调整。

　　1. 农业。把这种方法论运用到未来增长时，我们首先预测在未来 100 年中每个国家农业的份额，假设农业份额是人均 GNP 对数的线性函数。我们假设，与农业份额下降率和人均收入增长相关的系数是估算的 1965—1987 年间部门交叉系数的 2/3。

2. 能源。对于能源损失，我们假设能源部门气候的敏感部分是总 GNP 的 2%。

3. 海平面上升。最困难的计算涉及海平面上升引起的损失。我们从对美国的研究开始，表 4.1 中说明了这种研究。把这种技术运用于其他国家要求详细研究每个国家的地理和发展与基础设施状况，这是一个研究无法承担的巨大任务。

相反，我们用考虑不同国家海岸的沿海活动的一个极为简单的校正方法。我们从"沿海脆弱性"的衡量 f_j 开始，它是沿海面积与总土地面积的比率。我们定义沿海面积为沿海 10 公里以内的面积。为了考察沿海脆弱性的影响，我们估算人均 GNP 与变量数量之间回归的数字。所代表的关系是：

$$\log\left(\frac{\text{人均}}{\text{GDP}}\right) = \text{常数} + \underset{(0.15)}{0.62\log}\left(\frac{\text{沿海}}{\text{脆弱性}}\right)$$

$$+ \text{其他变量}$$

这里系数的标准差在括号中。这种关系坚定了一种印象，沿海国家会有更高的收入，其关系确实至少又回到伯里克利的雅典。

对于美国，我们得出结论，按 1981 年价格和国民收入，均衡的二氧化碳加倍的沿海活动成本是每年 53 亿美元（参看诺德豪斯，1991c）；这代表了总产出的 0.2% 左右。对其他国家，我们假设，有同样沿海脆弱性的国家也和美国有同样的成本（作为它的 GNP 的比例）[1]。根据以上的回归方程式，我们假设影响是脆弱性指数平方根的函数，因此，在沿海地区的土地比例是美国 4 倍的国家，也将有美国 GNP 损失的两倍。

4. 其他部门。最后一个范畴包括所有其他领域，组成了市场产出的其他部分（制造业、服务业、矿业等）以及非市场内容（生态系统影响、花园、休闲等）。我们只最粗略地估算了所涉及的市场部门之外的影响。根据我早期的估算，我假设其他部门的总损失是国民收入 1% 的 3/4，它给出的一个影响系数是 0.71%。[2]

个别国家的数据和结果

关于构成世界产出和 95% 以上人口的 70 个国家的各种序列的数据来自各种各样的渠道，包括主要国家的国家统计机构、世界银行、国际货币基金、经济合作与发展组织（OECD）以及联合国。此外，对前社会主义国家报告的收入进行了一些调整，以反映官方或市场交换率的扭曲状态。

这种方法论给了全球变暖对总产出的影响的一个估算。影响的下限是没有农业的内陆各国产出的 0.72%。对有大量沿海活动以

---

[1]　在一些研究中用的一种方法是假设每单位受威胁土地损失的美元价值相同。由于不同国家间土地对经济活动（以及土地价格）的贡献差别极大，这种假设就没有意义。

[2]　这种估算是一种余量，而且来自均衡的二氧化碳加倍对美国国民产出总损失为 1% 左右。在诺德豪斯（1991c）的研究中，可衡量的损失实际是国民收入 1% 的 1/4。1% 是对可能发生在非农业部门气候变化的一种"突发"的量的预防性猜测。

及农业在经济中占大部分的国家，气候变暖 3 ℃的损失可以超过
GNP 的 4%。

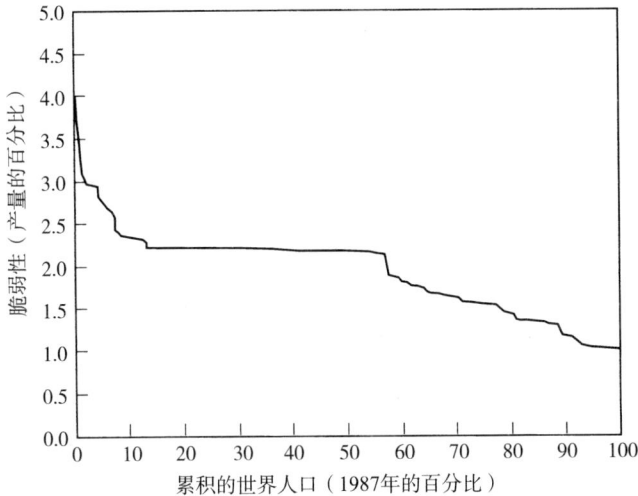

图 4.1 对气候变化的脆弱性
（作为世界人口的函数）

说明：根据表 4.2 中预测的方法，按照对气候变化脆弱性的反应将各国排
序。各国根据 1987 年的人口按顺序排列和累积。因此每一个点表示在既
定的水平时或以上有脆弱性世界人口的比例。

为了得出气候变化影响在不同国家分布的粗略估算，我们计
算了根据气候变暖 3 ℃引起的估算的损失，衡量不同国家的估算
的脆弱性。然后我们在图 4.1 中画出了估算的 1987 年对气候变化
累积的脆弱性，在这里脆弱性指数或二氧化碳加倍的潜在危害是
根据在那个或超过那个世界人口水平脆弱性的百分比画出来的。

虽然美国的脆弱性估算是将近国民产出的1%，但世界上大多数人口产出的脆弱性是美国的两倍左右（主要由于经济的较大比例属于有大量人口国家的农业）[1]。

表 4.2
在全球经济中不同部门二氧化碳加倍的影响：
增长和工业结构变化的影响（一年全球产出的百分比）

年份	总量	农业	沿海	能源	其他	备忘录：产出中农业的份额
1987	1.326	0.306	0.272	0.044	0.704	0.061
2010	1.331	0.292	0.289	0.044	0.706	0.058
2050	1.336	0.271	0.312	0.044	0.709	0.054
2100	1.331	0.259	0.317	0.044	0.711	0.052

说明：估算说明，由于均衡的二氧化碳加倍（以及变暖3℃）引起的气候变化对全球产出的影响。估算反映了国民产出变动的构成以及表4.1中说明的不同部门和国家的不同脆弱性。

世界产出的整体损失

最后，我们估算全球产出对气候变化的脆弱性。可以用不同国家加权平均的损失（这里加权是相对于GNP的），以及每个部门每年的份额得出全球产出的总损失。表4.2中说明了总的估算。

---

[1] 诺德豪斯（1992a）说明，对于不同的时期与概念，也有与图4.1同样的关系。考察2050年估算的累积危害函数说明，曲线适度向下反映了在大多数国家预测的农业部门减少。诺德豪斯（1992a）中也说明了一种可供选择的方法来估算在1987年和2050年累积产出的影响曲线，而不是累积的人口。处于风险的产出的比例小于处于风险的人口的比例，因为在高收入国家农业的份额较小。

整体上说，估算表明，均衡的二氧化碳加倍引起的全球损失为国民产出的 1.33% 左右。这种估算主要依靠对美国的估算以及将这种估算扩展到其他国家和地区的方法。这两种估算都要受到大量误差的限制。比较困难的问题是假设，低收入国家和地区的美元损失价值与高收入国家和地区的美元损失相同。这种方法的依据是补偿原则，如果高收入国家和地区补偿低收入国家和地区，那么，在任何地方美元的损失都是相等的。此外，如果低收入国家和地区控制和危害的成本都是高比例的，而且如果时间偏好率是相同的，那么，没有补偿，优化也会引起同样的结果。

计算的结果表明，用美国的部门影响作为对比，全球的损失会大于美国的损失。二氧化碳加倍的全球影响是指 1987 年国内生产总值加权 1.33% 左右。全球的影响略大于美国是因为除美国外的国家农业份额大。令人惊讶的发现是，所引起的差别是小规模的。

其他主要令人惊讶的是，预测 21 世纪国内生产总值的国内分布和部门转移在估算的气候变化对全球生产总值产出的影响方面有负效应。根据计算，在整个 1987—2100 年期间，二氧化碳加倍的总影响在全球生产总值的 1.33 百分点的 0.06 个百分点之内，原因是以后全球脆弱性缺乏变化。一方面，在大多数国家的国内生产总值中农业的份额在缩小，这引起脆弱性的下降。另一方面，那些它们经济的大部分归于农业的国家增长比工业化国家快，而且在这些国家中增长最强劲的看来是有高度的沿海脆弱性。在以后一些年中这两种趋势看来会相互抵消。还应该注意的是，由于基本危害估算的缺点，这些预测要受到大量误差的限制。

　　根据这些计算，我们用按气候变暖 3 ℃ 衡量的二氧化碳加倍对真实收入影响为产出的 1.33% 作为基线估算。此外，有随着气温的升高，影响会急剧增加的证据，而且我们假设这种关系是平方的。因此，全球变暖增加和收入损失之间的最后关系是：

$$d(t) = (0.0133/9) T(t)^2 Q(t) \qquad (4.2)$$

这里，$d(t)$ 是全球产出的损失。

与其他估算的比较

　　DICE 模型所根据的经验研究可以与其他研究者的研究作比较。应该强调的是，影响研究仍处于初期阶段，对低收入国家的影响研究实际上还没有，而且对全球影响的估算也只有不充分的经验支持，一般是从美国结果的外推。[1] 出于比较的目的，我们在表 4.3 中说明了大量不同研究中的估算。

　　现在有克莱因（1992）和法克豪斯（Fankhauser，1993）的两个全面的气候变化经济影响的研究。这两个研究用了和诺德豪斯（1991c）同样的大量数据基础，并得出了大体上相同的结论。克莱因的研究所包括的部门集团比诺德豪斯的大。克莱因的讨论包括了大量不同发现，但许多延伸到市场化的部门之外的研究是极其虚弱的，而且他的中心估算主要依靠了会夸大影响的研究。例

---

[1]　参看诺德豪斯（1993）关于发展中国家的讨论。

表 4.3　全球变暖影响估算比较：二氧化碳加倍对收入的影响

（1988 年的 10 亿美元和总产出的百分比）

重影响部门	美国				全球		
	诺德豪斯	克莱因	法克豪斯	其他人	法克豪斯	其他人	DICE 模型
农业	1	15.2	7.4	1.2[b]	39.1	12.0[b]	
沿海地区	10.7	2.5	2.3				
能源	0.5	9	0				
其他部门	38.1						
湿地和物种损失	a	7.1	14.8				
健康和舒适	a	8.4	30.3				
其他	a	11.2	12.1				
总计							
10 亿美元	50.3	53.4	66.9		1.5		
产出的百分比	1.0	1.1	1.3		1.5	1.9[c]	1.33[d]

资料来源：诺德豪斯（1991c），克莱因（1992a），法克豪斯（1993）。

说明：

a. 这些包括在"其他部门"总计中；

b. 来自瑞利（Reilly）和霍曼（Hohmann, 1993），有完全适应与二氧化碳肥料化；

c. 对来自专家概述的第 50% 结果的中值反应（诺德豪斯, 1994）；

d. 参看表 4.2。

如，当 IPCC 和国家科学院研究得出结论——变暖对风暴强度的影响是不确定的时，克莱因对风暴损失影响的估算假设是：风暴变得严重了。[1]另一个例子是休闲活动，在这里他包括了对滑雪项目的损失，但没有包括像露营等项目更多的温暖气候行业的任何收入。对农业，克莱因的中心估算依靠了允许只有一点或没有适应的研究。对物种损失问题，克莱因用了极高成本的决策（斑点猫头鹰），并把它作为评价的基础。

甚至带着一种普遍悲观的眼光，克莱因估算的影响仅在数量上就大于这里所用的低端（在克莱因（1992）的研究中气候变暖 2.5 ℃时 GNP 为 1.1%，相反，在诺德豪斯（1991c）的研究中气候变暖 3 ℃时 GNP 为 1%），而且对气候变暖 5 ℃及以上数量也低于这里所用的值。

第二个模型是范克豪泽（1993）对不同分析的概述。这种研究用了与诺德豪斯和克莱因极为相同的方法，但依靠了增加的研究和对 OECD 国家和世界的扩大的分析。范克豪泽的结果也接近于这里所用的，发现对美国气候变暖 3 ℃对美国产生的影响为 1.3%，以及对世界产生的影响为 1.5%。

第三种研究用了完全不同的方法，但只运用于美国的市场化产出。这种方法用乐观方法考察部门交叉气候变量对农业的影响（在门德尔逊 [Mendelsohn]、诺德豪斯和肖 [Shaw，1993，1994]

---

[1]　参看 IPCC（1990）第 155 页和 NAS（1992）。

中查看）。这种乐观方法的结果是提出，气候变化对美国 GNP（只包括市场化部门）的影响是微不足道的。

最后的估算在性质上更有判断性，而且是本文作者对专家的调查。由于估算气候变化的影响已证明是极其困难的，本文作者已经调查了专家关于气候变化对人类和非人类系统的经济影响。对方案 A，在 2090 年变暖 3 ℃，概述"修正的中值"是世界产出下降 2.9%，而中值是全球变暖潜能值（GWP）的 1.9%。那些描述全球变暖影响的著述者以及那些对经济影响进行经验研究的著述者的研究结果显然低于最好猜测的估算，分别为 1.6% 和 1.8%。对于 2175 年气候进一步变暖 6 ℃的方案，专家修正的中值影响为全球变暖潜能值的 6.1%，而中值成本为 4.5%。这些估算高于DICE 模型对最适当变暖所用的数字，但接近于这里对更加变暖方案所用的估算。一个对最大反应的主要关注是认为对于低收入国家和地区，其影响大大高于高收入国家和地区。

许多气候变化研究中看起来的困难是，人们在寻找问题而忽略了机会；如果存在一种寻找成本而忽略气候变化的收益的无意识的刺激，情况就是这样。比较两组研究在这方面是有启发的。几乎在 20 年前，一系列研究展开，以讨论在相同温度层中全球气候变冷的影响。d'Arge 和其他人的研究（在 1979 年的国家研究委员会中作了总结）发现全球气候变冷 1 ℃时会在许多地区带来损失。在全球变冷研究中 9 个领域的成本是相同的（农业、林产品、海洋资源、健康、地方偏好、燃料需求、住房、公共支出和美学），在全球气候变暖的 EPA 研究中（1989）只考察了两个，而且 EPA 估算没有一个得出了收益。在全球气候变冷研究中，最大的估算成本是变冷的旅游影响通过地区工资差别来决定。在 EPA 研究中（1989）中完全忽略了这个题目。一种引导舆论说，环境影响研究可以发现每一线希望背后的云彩。

大多数全球气候变暖影响估算的更一般问题是，它们没有论述包括极长期的情况。简单地说，人类的生活、流动和死亡比会注意到的气候影响更快。通过向子孙后代陈述变暖的地球对今天的影响是什么来说明这一点，会给他们中许多人一个大声喝彩的前景。当我们甚至不知道 21 世纪的主要健康问题是什么或者人口如何分布时，我们能明智地谈健康影响吗？

对现有研究的评论重点强化了这里多次提出的一个观点，需要更全面地研究气候变化的潜在危害，以便缩小对未来气候变化影响的不确定性。

温室气体减排的成本

第二个中心经济关系是减排的边际成本，它描述了经济为减少单位温室气体排放所承担的成本。各种各样的方法可以用来减缓气候变化。大多数政策讨论集中在通过减少能源浪费、增加可供选择的能源来源（一些人甚至期望核能）以及其他措施减少化石燃料消费来减少二氧化碳排放。这些政策可以通过碳税或者可交易的排放许可证来实施。其他方法包括重新造林，以便从大气中消除二氧化碳以及对氯氟烃进行更严格的控制。另外的选择肯定不在环保的范围中，这就是通过气候地球工程改变地球的反照率（反射率）来抵消温室变暖。无论哪一种方法，经济学家强调成本—效率——结构政策对在既定支出水平时最大地减少有害气候变化的重要性。

减少二氧化碳排放的成本函数的形式一直是许多学者和许多国家的组织致力研究的。最有用的研究之一是约翰·韦安特（John Weyant）和他的同事进行的。[1]这种研究比较了许多美国和世界不同的模型的减排成本。另一种方法是"自下而上"或者工程师的方法，美国国家科学院小组的报告出色地代表了这种方法。[2]

我概括了许多不同模型，以便估算控制二氧化碳排放的成本，图4.2说明了概括的一个总结，这个图说明，在诺德豪斯（1991a）中比较九组能源模型中减少二氧化碳排放成本概括的结果。这种关系说明，作为碳税（或者从而有效管制当量）函数的控制二氧化碳排放的边际成本。显而易见，在这个领域中仍有许多不确定性和分析余地。

---

[1] 在加斯金斯（Gaskins）和韦安特（1993）的研究中可以得到一个方便的总结。现在的研究不同于大多数假设的能源模型，资本存量可以对经济冲击迅速地进行调整（在10年内）。更为现实的模型假设一种技术，在构建中，资本是比较不灵活的。由于高度假设的短期流动性，DICE模型估算减少的温室气体短期成本低于其他模型，尽管长期成本与其他估算一致。

[2] 参看NAS（1992）。

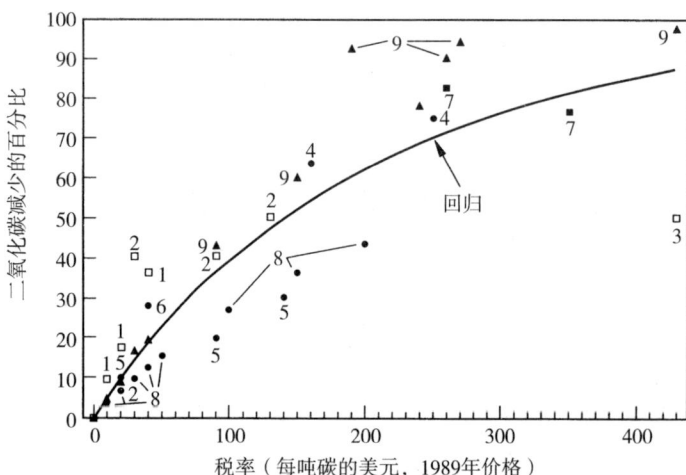

1. 乔根森（Jorgenson）和威克赛恩（Wilcoxen）
2. 埃德蒙兹（Edmonds）和瑞利（Reilly）（□）
3. 瓦利（Whalley）和威格利（Wigle）（□）
4. 博德路德等　　　　　5. EC（•）
6. 克拉姆等（Kram）（•）　7. 缅因（Manne）与瑞切斯（Richels）（▪）
8. 诺德豪斯和约埃（•）　　9. 诺德豪斯（▲）

图 4.2　二氧化碳减少的边际成本

说明：每一个数字点或一组点对应一个模型或一组模型，"回归"是对应于不同模型的方程，并用 DICE 模型的成本函数。

资料来源：每个模型的作者列在以下，以及这些模型在诺德豪斯（1991）和图 2（这个图根据它画出）中有所描述。

1. 乔根森和威克赛恩（1990）。
2. 埃德蒙兹和瑞利（1983）。
3. 瓦利和威格利（1991）。
4. 博德路德等（1989）。
5. EC 1992b。
6. 克拉姆和欧肯（Okken，1989）。
7. 缅因与瑞切斯（1990a）。
8. 诺德豪斯和约赫（1983）。
9. 诺德豪斯（1979）。

为了激发对 DICE 模型中所遵从的方法的兴趣，我们开发了一个减排成本模型。假设有体现在物品与劳务中碳的方便的供给与需求函数。为了简单起见，假设有两种物品，以碳为基础的和以非碳为基础的产品，再假设以碳为基础的部门可以用标准的等弹性需求与供给曲线来代表，然后我们把碳基础产品（用二氧化碳排放来衡量）的需求与供给写成如下形式：

$$E^d(t) = A(t)P(t)^{-\epsilon}, \, \epsilon > 0 \qquad (4.3)$$

$$E^s(t) = B(t)P(t)^{\delta}, \, \delta > 0 \qquad (4.4)$$

在这些方程式中，$E^k(t)$ 是这些碳基础产品的供给量（$k=s$）或者需求量（$k=d$），它会引起二氧化碳排放，$A(t)$ 和 $B(t)$ 是时间、收入等无关紧要的函数。$P(t)$ 是碳基础产品的价格，ϵ 是需求的价格弹性，而 δ 是供给的价格弹性。[1]

我们关注以税收或管制形式温室气体排放限制影响的估算。在模型中，我们对碳进行限制；这在经济上就相当于对温室气体的生产或消费征收碳税。这最容易以从价税 $\theta(t)$ 来代表，从价税是按正价格的一个比例 $P(t)$ 来衡量。这就得出了转形的方程式：

$$E^d(t) = A(t)P(t)^{-\epsilon} \qquad (4.5)$$

$$E^s(t) = B(t)\{P(t)/[1+\theta(t)]\}^{\delta} \qquad (4.6)$$

这里，$P(t)/[1+\theta(t)]$ 是净税前价格，而 $P(t)$ 是实际市场

---

[1]　注意，这一节的表述方法略微不同于这种研究的其余部分。

价格。通过解出方程式（4.5）和（4.6）中的价格和数量来实现市场均衡。我们假设下面的罗马字母代表上面罗马字母的自然对数改变变量。

$$e^d(t) = a(t) - \epsilon P(t) \tag{4.7}$$

$$e^s(t) = b(t) + \delta\{P(t) - \ln[1 + \theta(t)]\} \tag{4.8}$$

这就得出以下均衡价格和数量：

$$P(t) = \{a(t) - b(t) + \delta\ln[1 + \theta(t)]\}/(\delta + \epsilon) \tag{4.9}$$

$$e(t) = \{\delta a(t) + \epsilon b(t) - \epsilon\delta\ln[1 + \theta(t)]\}/(\delta + c) \tag{4.10}$$

方程式（4.10）说明了改变碳税对碳消费的影响。对于少量税，$\ln(1 + \theta) \approx \theta$。取对少量税推导方程式（4.10），我们得出：

$$\frac{\partial e(t)}{\partial \theta(t)} = -\frac{\epsilon\delta}{\delta + \epsilon} \tag{4.11}$$

为了决定税收的福利效应，我们用局部无谓损失的标准形式，给出了一个既定税收的无谓损失 $D(\theta)$，得出：

$$D(\theta) = \frac{1}{2}[E(\theta) - E(0)][P(\theta) - P(0)]$$

对少量税，这就可以归纳为：

$$D(\theta) = \frac{1}{2}[-\epsilon\delta/(\delta + \epsilon)][\delta/(\delta + \epsilon)]\theta^2 P(t)E(t)$$

或者

$$D(\theta) = -\frac{1}{2}\epsilon[\delta/(\delta + \epsilon)]^2\theta^2 P(t)E(t) \tag{4.12}$$

这个方程式说明，无谓损失与碳基础物品的总收入是同比例的，而与税率的平方同比例，这是一个供给与需求弹性的复杂函数。

最后，我们可以推导出无谓损失、碳税和所引起的减排之间的关系，用 $\theta(t)P(t)$ 给出少量税收每单位碳税的美元价值，对少量碳税碳使用减少的百分比等于 $-e(t)$。因此，我们从方程（4.11）中得出：

$$\frac{\partial e(t)}{\partial[P(t)\theta(t)]} = -\frac{\epsilon\delta}{\delta+\epsilon} = -\gamma \qquad (4.13)$$

这里，$\gamma = \epsilon\delta/(\epsilon+\delta)$。我们可以把这个估算的公式表示如下：

$$E(\theta) = E(0)(1+\theta)^{-\gamma} \qquad (4.14)$$

或者

$$\ln[1-\mu(\theta)] = -\gamma\ln(1+\theta) \qquad (4.15)$$

或者

$$\mu(\theta) \cong \gamma\theta \qquad (4.16)$$

这里，$\mu(\theta)$ 是碳生产或排放的部分减少 $[=1-E(\theta)/E(0)]$。方程式（4.16）说明，（对少量税收）碳排放部分减少是与 γ（它是供给与需求弹性决定的参数）和对碳的从价税同比例的。

虽然这个推导当时不算有名，但这个方程式在我的概述（参看诺德豪斯，1991a）中用到了，并代表把不同模型的边际成本函数指数化的一种方便方法。它提出，比较模型的适当方法是根据（1）碳排放与基线（即不受控制的或没有税收的）路径的百分比差别，以及（2）碳税百分比。观察不同模型成本绝对水平的比较，仅根据不同的基线运行提供差异。

在最优模型中减少温室气体成本的代表，它对总成本函数而不是边际成本函数的研究是方便的。对第一个近似值，用方程（4.12）代表的方程式说明，减少碳排放的经济成本。我们可以用方程（4.16）代替方程（4.12）得出作为减排函数的减少碳排放总成本：

$$D(\theta) = -\frac{1}{2}\epsilon^{-1}r^2\theta^2 P(t)E(t)$$

$$= -\frac{1}{2}\epsilon^{-1}\gamma^2(\mu/\gamma)^2 P(t)E(t)$$

$$= -\frac{1}{2}\epsilon^{-1}\mu^2 P(t)E(t) \qquad (4.17)$$

这个方程式说明，减少碳排放或产出的成本与需求弹性负相关，与减排成平方，而且与碳产品的总支出同比例。

为了灵活运用，我们用一个自由系数估算方程式（4.17）。对于数据，我们用诺德豪斯（1991a）概述调查中的总成本估算。减少能源部门二氧化碳排放的成本函数是从图 4.2 中所描述的关系推导出来的；这结合了减少氯氟烃排放的成本与用森林隔离二氧化碳的成本的工程师估算。结合这三个成本函数，我们得出有效减少温室气体的成本函数。诺德豪斯（1991c）在稳定状态模型中运用了准确的成本函数。但对 DICE 模型，我们通过一个幂函数把成本函数参数化，从诺德豪斯（1991a）用普通最小平方方法估算成本函数，得出下面的公式：

$$\ln[D(\mu)/GNP] = -2.679 + 2.89\ln[\mu(\theta)] \qquad (4.18)$$

图 4.3 说明，在诺德豪斯（1991a）中概述的减少温室气体排放总成本的估算曲线是标有"实际的"一条实线。图 4.3 中的虚线表示 DICE 模型中所用的参数化。应该还记得，在包括氯氟烃在内的最优化中用的温室气体的概念。这条曲线与数据合理地一致。曲线有一个大于 2 的指数，因为有结构效应。最初减少温室气体

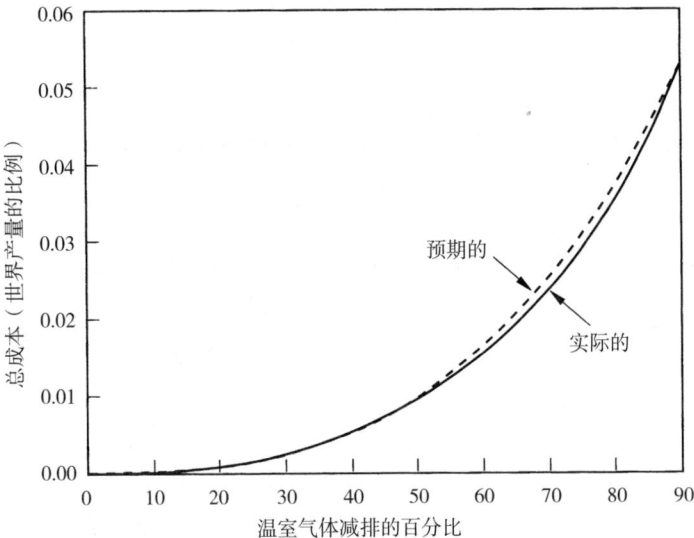

图 4.3　减少温室气体实际的和预期的成本函数

说明："实际的"是关于温室气体减少的总成本估算（诺德豪斯，1991a），用 GWP 的百分比衡量。"预期的"是来自本书中参数化的方程式。

的成本是极为低廉的，因为减少氯氟烃生产的成本比较低；但那一点之后，成本接近于方程式（4.17）中的平方形式。根据方程式（4.18），减少控制的温室气体（二氧化碳和氯氟烃）到 50% 时，成本接近全球产出的 1%。此外，温室气体总的减少成本是产出的 $e^{-2.679}$ 倍，或者总产出的 6.86%。

温室气体排放与能源效率提高

最后一个问题包括对可供选择的温室气体的适当处理以及能源—GNP 和温室气体—GNP 比率的趋势分析。这里并不涉及主要的分析问题，但处理对最优政策有重大影响。

能源—GNP 和二氧化碳—GNP 比率的趋势

在这里所用的总量模型以及其他能源模型中，必须对每单位产出能源使用与温室气体排放的趋势作出一个判断。在 DICE 模型中，趋势是用参数 $\delta(t)$ 来代表，它是不受控制的二氧化碳排放当量与总产出的比率。

我们从二氧化碳趋势的分析开始，然后讨论其他温室气体的作用。现在的模型并不是明确的能源部门模型。由于这个原因，应该从其他研究以及历史数据中获得每单位产出能源使用和每单位产出二氧化碳排放的趋势。我们从一个历史评论开始，然后看模型预测。

表 4.4　1929—1989 年不同地区与分时期能源—GNP 比率的趋势

1989 年每千美元产出二氧化碳当量吨的能源 /GNP

年份	1 美国	2 日本	3 其他 OECD 国家	4 苏联	5 中国	6 世界其他 国家	7 总计
1929	0.938	0.288	0.626	0.205	0.567	0.359	0.620
1938	0.816	0.342	0.556	0.491	0.619	0.350	0.567
1950	0.762	0.253	0.438	0.539	0.814	0.408	0.552
1960	0.555	0.243	0.283	0.389	0.452	0.209	0.578
1970	0.487	0.312	0.255	0.598	3.182	0.290	0.224
1980	0.566	0.255	0.318	0.754	1.518	0.336	0.260
1989	0.456	0.164	0.310	0.831	1.316	0.460	0.317
分期平均每年能源—GNP 比率增长率（% / 年）							
1929—89	−1.195	−0.935	−1.163	2.361	1.414	0.414	−1.313
1929—50	−0.986	−0.618	−1.686	4.718	1.742	0.613	−0.548
1950—89	−1.307	−1.106	−0.880	1.114	1.237	0.308	−1.416

表 4.5　1928—1989 年不同地区与分时期的二氧化碳—GNP 比率的趋势

1989 年每千美元产出吨碳的二氧化碳排放 /GNP

年份	1 美国	2 日本	3 其他 OECD 国家	4 苏联	5 中国	6 世界其他 国家	7 总计
1929	0.600	0.189	0.428	0.135	0.391	0.237	0.409
1938	0.501	0.223	0.375	0.323	0.429	0.225	0.366
1950	0.446	0.156	0.287	0.358	0.568	0.264	0.343
1960	0.384	0.144	0.251	0.543	3.139	0.262	0.219
1970	0.393	0.180	0.245	0.584	2.100	0.317	0.219
1980	0.323	0.139	0.207	0.617	1.939	0.325	0.241
1989	0.256	0.088	0.164	0.586	1.270	0.333	0.232
分期平均每年二氧化碳—GNP 比率增长率（% / 年）							
1929—89	−1.410	−1.272	−1.581	2.481	1.982	0.566	−0.941
1929—50	−1.408	−0.915	−1.892	4.764	1.791	0.506	−0.832
1950—89	−1.412	−1.464	−1.413	1.272	2.085	0.598	−0.999

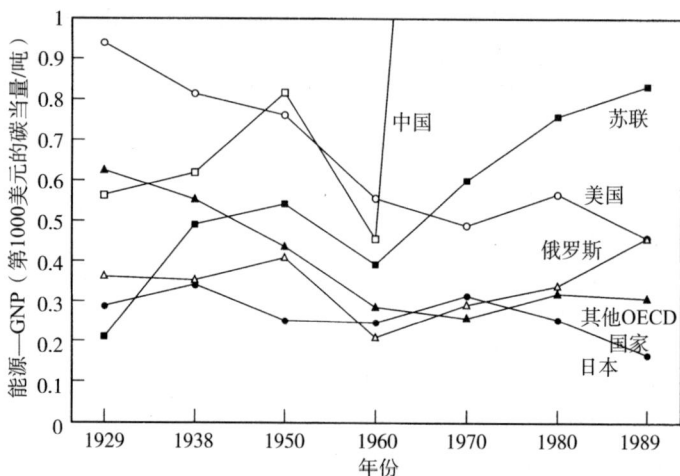

图 4.4   1929—1989 年能源—GDP 比率

资料来源：表 4.4。

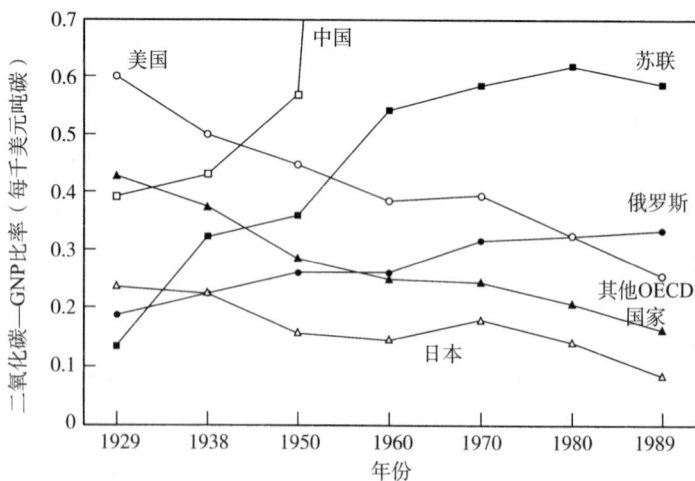

图 4.5   1929—1989 年二氧化碳—GNP 比率

资料来源：表 4.5。

　　表 4.4 和 4.5 说明 1929—1989 年间各个地区能源—GNP 比率和每单位 GNP 化石燃料的使用中二氧化碳排放的趋势。这些数据是从各种来源中收集的，并有各种相似性与品质。能源数据主要包括商业能源使用，不包括木材与有机燃料。这些数据对美国和 OECD 国家也许是最可靠的，但对苏联、中国和世界其他国家大部分时期而言是有疑问的，部分因为不可靠的能源浪费数据，但更重要的是因为衡量产出的不确定性。[1] 此外，这个比率在图 4.4 和图 4.5 中给出。

　　在表的下面我们构建了这两个比率的增长率估算。增长率针对整个时期和两个分时期。表 4.4 说明了，在最近 60 年期间大多数高收入国家和地区能源—GNP 比率在稳定地下降。与此相比，在苏联、中国和其他发展中国家，能源—GNP 比率看起来上升了，但在产出的水平与增长率的不确定性为既定的情况下，这些后来的比率也受到严重怀疑。整体而言，自从 1929 年以来，能源—GWP 比率每年下降了 1.1% 左右，这是由于技术变化、部门与国家结构以及能源产品的价格变化引起的。

　　这类研究主要关注表 4.5 中说明的二氧化碳—产出比率的趋势。这个比率显示了与能源—GNP 比率同样的一般形式：高收入国家和地区在下降，而低收入国家和地区一直在增加。整体上看，趋势表

----

[1]　最近中国和其他低收入国家和地区的真实产出估算表明，用购买力平价估算汇率而不用官方汇率，就用三到五个中的一个因素降低了能源—GNP 和二氧化碳—GNP 的比率。这些系数使中国回到与其他国家一致的水平。甚至更有疑问的是俄罗斯的人均 GNP 的数据，根据官方汇率，在 1991—1992 年期间是每年 100 美元左右。

明，自从 1929 年以来二氧化碳—GWP 比率每年下降 1% 左右。

美国的数据也许比其他地区更可靠。数据表明，二氧化碳—GNP 比率下降得比全球总量快——这个趋势与许多社会主义国家和低收入国家每单位产出二氧化碳排放明显的增加一致。我们观察到在 20 世纪 70 年代中期化石燃料的价格急剧增加以后，二氧化碳—GNP 比率在更快地下降。

对 DICE 模型分析适用的概念是随着技术趋势、产出部门结

表 4.6　对不同研究中能源效率与二氧化碳—GNP 比率变化的预测

（按每单位 GNP 的变化率，% / 年）

研　　究	覆盖面	能源	二氧化碳
诺德豪斯—约赫 [a]	全球		
1975—2025 年		−1.3	−1.7
2025—2100 年		−0.3	−0.6
缅因—瑞切斯 [b]	美国	−0.5	
IEW—1991[c] 年	世界		
1990—2020 年			
中值预测		−0.8	−1.4
低端 [d]		−1.2	−1.2
高端 [e]		−1.8	−1.8

说明：

a. 诺德豪斯和约赫（1983），表 2.15；

b. 这是"自发能源效率提高"的变化。关于基线，参看缅因和瑞切斯（1990b）；

c. 由莱奥·施拉亭霍泽在国际能源研讨会上提出，1991 年 7 月，这代表了能源模型编制者预测的中值和范围；

d. 这代表了预测的第 16 种百分比；

e. 这代表了预测的第 84 种百分比。

构的变化、不同地区未来的变化以及由于化石燃料逐渐的耗尽，市场引起它们价格的上升而出现的二氧化碳—GNP 比率的变化。这看来与二氧化碳—GNP 比率每年下降 1% 到 1.5% 的趋势是一致的，而且变小的量与美国和其他高收入国家和地区的长期数据也一致。

在能源模型方面，另一方面要考察相对于产出能源和排放的趋势。这些模型既可以建立在二氧化碳—GNP 比率变化之上，也可以从其中引出来。表 4.6 说明了不同模型的估算样本。近期的预测表明，全球模型的二氧化碳—GNP 比率每年下降 1% 至 1.5%，尽管长期模型表明数字略低。

在结论中，甚至在没有控制温室气体步骤时对未来二氧化碳—GNP 比率的未来趋势也没有明显确切的答案。许多依靠价格趋势和新技术的演进。数据看起来与历史趋势和为了长期减少每年 1.25% 二氧化碳—GNP 比率的趋势是一致的。这可能有每年 1.5% 这么高，也可能有每年 0.5% 这么低。显而易见，正如在相关的图和表中所说明的，这些趋势有重大的不确定性。

其他温室气体的模型编制

非能源的二氧化碳排放与非二氧化碳的温室气体的作用，由于许多原因导致出现了难以处理的问题。主要的复杂性是预测这些其他温室气体的可靠模型今天还不存在。

幸运的是（从模型编制的角度），其他温室气体的作用看来在 21 世纪是较小的。表 4.7 显示了二氧化碳当量排放的替代估

表 4.7   温度气体排放

（二氧化碳当量排放，每年 10 亿吨碳）**不同假设的工作表**

	1985 年	1990 年
早期研究 [a]		
二氧化碳	6.50	
氯氟烃	0.26	
其他	1.16	
总计	7.92	
这种研究		
二氧化碳 [b]	6.64	7.36
氯氟烃 [c]	0.89	1.09
其他 [d]	2.35	2.59
总计	9.89	11.04
IPCC（100 年综合）[e]		
二氧化碳		7.10
氯氟烃		1.30
其他		3.24
总计		11.65
IPCC（200 年综合）[f]		
二氧化碳		7.10
氯氟烃		1.09
其他		2.59
总计		10.78

说明：

a. 来自诺德豪斯（1991a）；

b. 正如书中解释的；

c. 1990 年数字来自 IPCC（200 年综合）；1985 年的数字根据每年 4% 折算；

d. 与（c）相同，但增长率是每年 2%；

e. 用与对温室气体中值贴现（每年 3.0%）假设一致的 100 年综合时期；

f. 用与对温室气体低贴现（每年 100%）假设一致的 200 年综合时期，这是用对氯氟烃 12% 和其他气体 20% 折算的二氧化碳当量。

表 4.8 内生温室气体假设：对变暖的贡献

（每平方米瓦特）

A. IPCC 假设			
年份	1 CO_2	2 CFCs	3 总计
1990	0.37	0.02	0.37
1960	0.79	0.02	0.81
1970	0.96	0.07	1.03
1980	1.20	0.16	1.36
1990	1.50	0.29	1.79
2000	1.85	0.37	2.22
2025	2.88	0.52	3.40
2050	4.15	0.67	4.82
2075	5.49	0.76	6.25
2100	6.84	0.76	7.60
B. DICE 模型所用时期的 IPCC 假设 [a]			
1965	0.88	0.04	0.92
1975	1.08	0.11	1.19
1985	1.35	0.22	1.57
1995	1.68	0.33	2.00
2005	2.06	0.40	2.46
2015	2.47	0.46	2.93
2025	2.88	0.52	3.40
2035	3.39	0.58	3.97
2045	3.90	0.64	4.54
2055	4.42	0.69	5.11
2065	4.95	0.72	5.68
2075	5.49	0.76	6.25
2085	6.03	0.76	6.79
2095	6.57	0.76	7.33
2100	6.84	0.76	7.60

资料来源：IPCC（1990），第 54、57 页，[1] 是"作为正常的基线"；[2] 是"加速的政策"。假设除了 CFC—11、CFC—12 和 CFC—22 的氯氟烃在 2008 年以后是 0.08。

a. 从这个表的 A 部分推出。

表 4.9 外生温室气体假设：对变暖的作用
（每平方米瓦特）

A. IPCC 假设				
年份	1 甲烷直接的	2 甲烷 H_2O	3 N_2O	4 总计
1900	0.10	0.03	0.027	0.16
1960	0.24	0.08	0.045	0.37
1970	0.30	0.10	0.054	0.45
1980	0.36	0.12	0.068	0.55
1990	0.42	0.14	0.100	0.66
2000	0.45	0.16	0.120	0.73
2025	0.56	0.19	0.210	0.96
2050	0.65	0.22	0.310	1.18
2075	0.66	0.23	0.400	1.29
2100	0.66	0.23	0.470	1.36
B. DICE 模型用的数据 [a]				
1965	0.27	0.09	0.050	0.41
1975	0.33	0.11	0.061	0.50
1985	0.39	0.13	0.084	0.60
1995	0.44	0.15	0.110	0.70
2005	0.47	0.17	0.138	0.78
2015	0.52	0.18	0.174	0.87
2025	0.56	0.19	0.210	0.96
2035	0.60	0.20	0.250	1.05
2045	0.63	0.21	0.290	1.14
2055	0.65	0.22	0.328	1.20
2065	0.66	0.23	0.364	1.25
2075	0.66	0.23	0.400	1.29
2085	0.66	0.23	0.428	1.32
2095	0.66	0.23	0.456	1.35
2105 及其以后	0.66	0.23	0.470	1.36

资料来源：IPCC（1990），第 54、57 页。[1] 以及 [2] 是 "低排放"，而 [3] 是 "和正常一样的经济"。

a. 从本表 A 部分中推导出。

计，即使用总变暖潜能值作为将其他温室气体转化为二氧化碳的权重转变为二氧化碳的加权，可供选择的二氧化碳当量排放。最后一行说明根据研究提出的同样基础来自 IPCC（1990），并在转变 IPCC 数据的基础上而得出的数据。这里用的二氧化碳排放估算略高于 IPCC 中所用的，而非二氧化碳的温室气体用的 IPCC 的数字。显而易见，二氧化碳是最重要的贡献者。很可能的情况是，正如最新的证据表明的，随着氯氟烃的逐渐退出，而且如果有负的辐射抵消氯氟烃积累，在未来几十年中二氧化碳将会更重要。而且，看来在最近几年海洋中浓度的增长在下降，尽管原因难以理解。

处理非能源的二氧化碳等温室气体如下：减少二氧化碳和氯氟烃的成本显然包括在 B 节的减少温室气体成本的估算中。因此，温室气体积累中的这一部分也显然包括在计算中。在未来，假设不受控制的非能源二氧化碳和不受控制的氯氟烃增长与不受控制的能源二氧化碳的比例相同。这就意味着，在不受控制的经济中，非能源二氧化碳和氯氟烃将与二氧化碳按同一比率增长，可以控制的温室气体排放的部分也低于二氧化碳和氯氟烃。

其他温室气体被认为是外生的，因为今天我们对它们的来源、沉没，以及对将其纳入 DICE 模型包含的经济估算中的减排成本知之甚少。一氧化二氮并没什么重要性，而且我们简单地从代表 IPCC 对辐射力增加的贡献的估算中增加一种趋势。甲烷是严重的问题，因为我们对它的来源知道不多，而且也没有找到控制它的好方法。因此，我们把辐射力加到 IPCC 的低预测中以得出甲烷直接与间接的贡献。

表 4.8 与表 4.9，IPCC 分析和 DICE 模型用的假设，并估算了不同温室气体的温度。在预测中假设外生温室气体按每年小于基本情况的真实产出 1.25% 的比率增长，而且减少率平行于按整体技术变化放慢的比率。

我们现在可以对 DICE 模型推导的讨论作出结论。在这个研究的其他部分，我们讨论模型的结果、可供选择的政策方法以及不确定性的含义。

第二编

模型结果

MODEL RESULTS

第 5 章 |
减缓全球变暖的政策分析

计算程序

第一编概述了全球变暖经济学模型的假设和结构，在这一编中，我们将概述模型的结果。我们从简述估算模型中采用的计算方法开始，然后提出结果。

把数学编程（MP）方法运用于经济和能源系统的困难之一是根据历史数据校准模型的复杂性。与计量经济模型不同，MP 模型不容易估算。而且，从参数到可能性函数的映射是高度非线性的，因此，甚至计算"适合度"的间接技术现在也得不到。

在面对这些困难时，大多数实践者都以一种直观的方式校准他们的模型，根据历史数据选择参数、程式化事实或统计估算。一般来说，"适合的"构成是单一观察（比如说一个历史时期或初始状态）。在 MP 模型的文字表述中有少数运用是使模型的结果与实际数据一致，而且并没有把计量经济技术运用于 MP 模型估算的例子中。

这种研究通过在计算的前几个时间段使用广泛的历史时期解决了这个问题。在标准的运算中，我们计算 1965 年、1975 年和 1985 年三个历史时期的经济与气候变量；对于模型，这些数据可以解释为我们进入的几十年的中心点。因此，我们可以通过考察模型与这 30 年的历史数据一致的程度，来对模型的正确性作出一个粗略的判断。但应该强调的是，有许多可以解释历史数据的参数值的结合，因此与历史观察一致只是模型的部分正确性。

用义字和以 GAMS（通用代数模型编制系统）为大家所知的非线性编程解开了模型。所用的技术是嵌套的双层算法。内在的算法是 G. 丹泽（G. Dantzig）在 20 世纪 40 年代提出的解线性编制问题的标准初级单一法的求精法。非线性限制和目标函数要用简化的斜率和准牛顿法与归功于 S. M. 罗宾逊（S. M. Robinson）的投影拉格朗日算法来解。对这一点的一个入门性解释包括在布鲁克（Brooke）、肯德里克（Kendrick）和麦罗斯（Meeraus）的著作（1988）中。

模型在 386 个多种的可协调的机器上用 GAMS 算法的 386 个版本进行运算。以下提出的标准运算用 40 个时期（400 年）计算对温室气体浓度、资本和大气温度的终极评价（边际价值）。从 60 个时期（600 年）运算得出这些终极评价并足以稳定前 20 个时期（200 年）的解。常规 40 个时期的运算可以在英特尔奔腾 60 处理器上操作 0.94 分钟就可以运算。

动态增长过程模型编制的困难之一，正如在上一段中讨论的，是需要缩短估算时期。为了确保运算不过早地缩短，我们采取了两个步骤。第一，我们在 60 个时期的运算中估算 40 个时期的碳、资本和大气温度的影子价格，然后我们把这些影子价格放在 40 个运算时期的第 40 个时期，以确保在计算中不会低估未来的影响与成本。第二，之后我们进行不同长度的大量运算，以检验重要变量的值对计算时期的长度是否敏感。通过将时间密集的 60 个时期的运算与以下估算中用校准过的 40 个时期的运算进行比较，我们发现前 21 个时期的任何一个变量都没有变化（这就是说，整个计算时期到 2165 年都是一致的）。在工作论文中提供了不同长度的运算和对重要变量影响的总结（诺德豪斯，1992a，表 A.1 的附录）。实际的 GAMS 代码在本研究的附录中提供。

政策可供选择的方法

在以下的讨论中，我们将分析气候变化政策的七种方法。第一种是不受控制地或"自由放任"地运行，在这种情况中没有对温室气体的控制；这是作为与其他研究比较的基点情况。第二种是"最优"政策，在这种情况中温室气体排放确定的方案要使消费效用的贴现值最大。第三种是我们等待 10 年才去实施政策，以使我们的知识更为可靠。第四种与第五种政策是稳定排放的政策——一种是稳定在 1990 年的排放率，另一种是稳定在 1990 年排放率的 80%。第六种是采用地球工程，而最后一种方法是把排放限制到足以减缓气候变化并最终稳定气候的水平。我们现在更准确地说明运用模型的政策试验。

没有控制（"基线"）

第一种做法是没有采取减缓或扭转温室变暖的政策。个人可以适应变化的气候，但政府不采取遏制温室气体排放的步骤或者把温室的外部性内在化。这种政策是直到 1989 年仍为大部分国家遵循的政策。

最优政策

第二种情况是用经济上有效或最优政策来减缓气候变化。这种做法把经济福利的现值最大化；更准确地说，这种情况是在受各种经济和地球物理及各种关系的限制下把效用的贴现值最大化。可以认为这种政策是世界各国在一起确定把温室外部性内在化的有效政策的做法。它假设这种政策从 1990 年开始的 10 年内实施，比如说通过用收益一次性总付再循环的统一碳税，或者通过一种有完全实施制度的拍卖限额。

最优政策推迟 10 年

这种情况是把实施最优政策推迟 10 年。这种政策让我们计算推迟实施的成本与收益，直至我们对温室效应的了解较为可靠。这种方法是美国政府在布什当政时期提出来的。在这种方案中，

我们假设充分的信息正在处理中，因此最优政策在 21 世纪第一个
10 年开始实施。

把排放稳定在 1990 年的比率上

　　大多数政策建议要涉及稳定排放等中间目标。第一种变形是
在许多政府提出把二氧化碳排放稳定在 1990 年的水平上的建议中
产生的。这种政策在布什当政时被美国政府否决，但在 1993 年总
统地球日的咨文中被克林顿政府接受。在 DICE 模型中这个目标是
作为把氯氟烃辐射力和二氧化碳排放稳定在 1990 年的水平而实施
的，在这个水平中，这些被转化为二氧化碳当量基础。数据显示，
这代表了排放限制为 8.045 GtC 或者二氧化碳和氯氟烃的每年 10
亿吨二氧化碳当量（碳加权）。这种政策虽然有简化的优点，但并
没有特别的科学性或经济优点。在日益增长的不受管制的排放路
径为既定时，它意味着未来日益增加的温室气体减少的百分比。

从 1990 年的水平减排 20%

　　比排放稳定更雄心勃勃的战略实际上是削减排放，这种政策是
许多环保主义者和"绿色"政府所认可的。得到认可的一个特定目标
是减排 20%。这里解释为从 1990 年的水平减少氯氟烃和二氧化碳排
放结合的 20%，在这里，这些转化为二氧化碳当量基础。按数量来
说，这代表了每年限制 64.36 亿吨的二氧化碳当量的排放。此处，这
种政策并没有特别的优点，但它容易理解并可以灌输到政策大纲中。

地球工程

一种激进的技术选择是地球工程，这包括抵消温室气体变暖效应的大规模工程。这种选择包括向大气中注入可以后向散射或反射太阳光的微尘；重新植树以增加植被的生物量；或者刺激吸收海洋中的碳。两个特别有趣的建议包括用 16 英寸海军发射器向太空发射智能镜，或者把铁种到海洋中以加速碳分解。[1] 美国国家科学院概述的结论是，"也许这种分析的令人惊讶之处是按一些可以实施的地球工程的选择成本较低"[2]。根据美国国家科学院的概述，我们可以把地球工程认为在经济上是无成本的。[3] 同时，许多生态学家对地球工程选择的环境影响也持极其保守的态度。不过，由于其他缓解战略的高成本，这种方案作为决定温室变暖的整体经济影响和应对变暖的政策的基线是有用的。

气候稳定

最后的方法更为雄心勃勃，并包括了减缓并最终稳定全球温度以防止重大生态影响的步骤。一个建议是从 1950 年开始将温度

---

[1]　在 NAS（1992）第 28 章中讨论了地球工程问题。

[2]　NAS（1992），第 460 页。

[3]　美国国家科学院的报告描述了许多种选择，这些选择提供了以每吨碳不到 1 美元的成本无限抵消温室气体辐射效应的理论上的可能性（参看 NAS，1992，第 28 章）。如果这些是可行的且在环境上是可以接受的，那么，抵消全球今天温室气体排放的成本就从构成 DICE 模型基础的估算的每年将近 1.4 万亿美元降到每年 80 亿美元左右。在成本极小为既定时，我们可以把地球工程视为无成本的。

升高的比率降低到每 10 年 0.1 ℃。根据我的计量，在温室气体的增长为既定的情况下，这种政策是不可行的。一种可行的政策是在 1985 年以后把温室气体引起的全球温度增加的比率减缓到每 10 年 0.2 ℃，从 1900 年开始其上限增加为 1.5 ℃。

两次运算的结果

整体结果

我们现在总结以上说明的七种方案的整体结果。在以下的结果中，我们说明作为图形的七种运算的子集的结果，并说明最优与不受控制的运算值的详细列表。表 5.1 显示了不同政策的整体评价。第一栏显示了七种路径消费的贴现值。这种计算是 1990 年以后按市场的资本收益率贴现（贴现按 1989 年价格追回到 1990 年）消费的现值。

第二行的最优政策比除了地球工程以外的任何一项政策都有更大的价值；相对于无控制政策，它的净收益为 2710 亿美元。这个数字绝对大，虽然它只是消费贴现值的 0.04%。把最优政策推迟 10 年的成本估算为 280 亿美元。

稳定排放和气候的不同政策在经济上有缺点，而且表现出不同的净成本水平。一种把排放稳定在 1990 年水平的政策在三种稳定方案中的净成本最低，净贴现成本（这就是成本大于收益）为略多于 7 万亿美元；更为严格的排放稳定方法的净贴现成本

表 5.1　根据贴现消费的可供选择的政策的净收益

政策情况	消费的贴现值			对每年平均的消费值的影响（每年10亿美元）
	基点值（1989年万亿美元）	计划的影响差别（10亿美元）	差别的百分比（%）	
1. 无缓解	730.90	0	0.00	0
2. 最优	731.17	271	0.04	11
3. 推迟10年	731.14	243	0.03	10
4. 把排放稳定在1990年水平上	723.83	（7069）	（0.98）	（283）
5. 把排放稳定在1990年水平的80%上	718.38	（12521）	（1.74）	（501）
6. 地球工程	736.50	5601	0.76	224
7. 稳定气候最高可达1.5 ℃	689.92	（40980）	（5.94）	（1639）

说明：在最优方案中计算的消费现值是根据1990年商品和服务利率计算折现的1990年的消费量计算的，括号中的值显示是负值，所有值均为1989年的美元价值；每年的消费是按利率减消费的时间贴现值增长率（等于0.04）来计算的。

为12.5万亿美元。成本最高的选择是稳定气候，它的贴现成本为41万亿美元。

第六行显示了地球工程选择的价值，它与气候变化的整体经济影响相同。相对于无控制政策，无成本地球工程选项的净收益是5.6万亿美元。

一般来说，这些数字在绝对规模上都让人惊讶——主要是因为我们考虑无限期未来的全球产出。一种可供选择的衡量是根据表5.1中最后一栏说明的每年的消费。这说明，按每年4%的年率把现值转变为净成本或收益流量每年的成本或收益；这个数字代表了真实利率与消费增长率之间接近的差别。每年的消费流量可以与年消费率约为 20 万亿美元的第四期（1990—1999 年）相比较。

表 5.2 显示了，在最优和基线运算时的产出和消费水平，而表 5.3 显示了两种运算的差别。一般来说，我们报告的结果只到 2100 年，因为超过那个时间的结果便是过分预测了。但是，重要的是注意，计算要考虑 2100 年以后的经济增长、变暖和危害。这一点是重要的，因为现在作者的研究被威廉·克莱因错误地批评

表 5.2 在 DICE 模型无控制与最优运算中的产出与消费值

10 年集中在 1 年上	世界总产出 *		世界总消费 *	
	Uncont	Optimal	Uncont	Optimal
1965 年 proj	8520	8520	6652	6652
act	8519		na	
1975 年 proj	12680	12680	10017	10017
act	12708		na	
1985 年 proj	17890	17890	14273	14273
act	17819		na	
1995 年 proj	24073	24073	19364	19363
2005 年 proj	31095	31094	25182	25179
2025 年 proj	46928	46913	38390	38389
2075 年 proj	88213	88311	73145	73217

注：*1989 年 10 亿美元。
字母"proj"=根据模型预测的水平；"act"=实际水平；"uncont"=当对温度气体没有实行控制时的值；"optimal"=当温室气体控制确定为最优消费效用时的值；"na"=没有得到。

表 5.3 在 DICE 模型中最优方案对消费和目标函数值的影响

10 年集中在 1 年上	无控制与最优路径之间的差别	
	产出	消费
1995	0	−1
2005	−1	−3
2015	1	0
2025	3	−1
2035	10	3
2045	21	12
2055	39	26
2065	65	45
2075	98	72
2085	139	105
2095	187	145
2015	242	191
1989 年价格的贴现值		
10 亿美元	a	271[b]
占 1990 年以来全球总贴现消费的百分比	a	0.037%

说明:

a. 由于产出加倍算为收益,没有计算产出的贴现值;

b. 这个值是用 1995 年的消费的边际值转化为 1989 年价格的目标函数达到的最大值的差额。

为"集中在二氧化碳当量的加倍而没有极长期的变暖的影响上"[1]。

对于这些计算,产值是"绿色"世界总产出(GGWP)。在概念上,GGWP 等于产出减气候变化危害再减缓解的成本。最好

---

[1] 克莱因(1992a),第 307 页。克莱因错误的原因是他的研究和诺德豪斯(1991c)及 DICE 模型结果的差别,他认为这个问题的产生是来自包括了极长期的变暖和危害函数的非线性(克莱因,1992,第 309 页)。正如第 6 章说明的,这两者都不是差别的来源,而是仅仅来源于极低贴现率选择克莱因研究中的高水平减排成本。贴现率的关键和重要性在诺德豪斯(1991c)中清楚地说明了,在 DICE 模型也是显然的,并在第 6 章中进行了充分讨论。

猜测的值，与前几十年产出或消费的差别相当小。直至 21 世纪中期之前，最优温室气体控制也在适当水平上。但对 21 世纪的后半期，控制温室气体的值与全球产出有了相当大的差别，净收益（减少的损失减去控制成本）相当于 1989 年的 2000 亿美元左右。

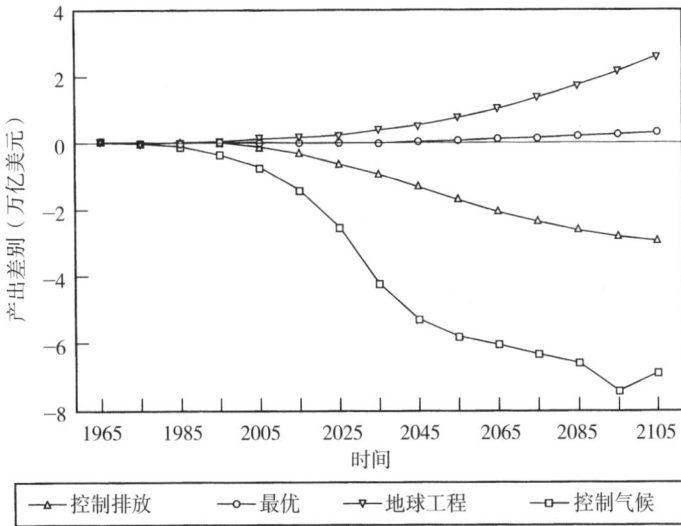

图 5.1 全球产出的差别
（与不受控制基线的差别，10 亿 1989 年美元）

图 5.1 用图形说明了这种政策的影响。我们略去了其他的，以减少图形中的混乱。在这种计算中一个惊人的发现是，直到 21 世纪没有控制的政策与最优政策之间的差别相当小。这是因为在未来几十年中变暖的水平适度以及近期温室气体控制的水平较低。但到 21 世纪末时，最优政策享有的年产出水平比不受控制的路径

高将近 2000 亿美元；这就是回避风险与控制成本之间的差别。相对于最优政策，流量的影响也比最大时的真实产出略低 1%。

在无控制与最优政策之间的差别小时，在地球工程选择和气候稳定以及排放稳定选择中都存在巨大的赌注。一种成本较少的地球工程解决办法的影响是相当大的，因为它减少了气候危害和缓解的成本。在另一个极端，如果温室政策走得太远，也有可能造成资源的重大浪费。稳定温室气体对世界产出的影响是，到 21 世纪结束时产出的净损失为每年超过 3 万亿美元，而到 21 世纪末稳定气候的成本是每年 7 万亿美元左右。

排放、浓度与气候变化

我们下面说明模型运算的一些细节。图 5.2 显示不同方案的温室气体排放量。回想一下，我们估算的温室气体排放只包括了二氧化碳和氯氟烃，而其他温室气体被视为控制提案的外生因素。表 5.4 显示了基线和最优路径的数字结果。

在图 5.3 和表 5.4 中显示了降低排放对浓度影响的结果。我们计算出，在不受控制的情况下，温室气体（只包括二氧化碳和氯氟烃）的浓度将从 1990 年的 7450 亿吨碳当量增加到 21 世纪结束时的 15000 亿吨。由于实施控制，在 21 世纪结束时温室气体浓度将减少超过 1000 亿吨碳当量，在 2100 年将减少 14000 亿吨左右。注意，甚至在排放稳定在 1990 年水平的 80% 时，大气中的二氧化碳当量浓度也将继续上升。推迟 10 年实施温室气体限制实际

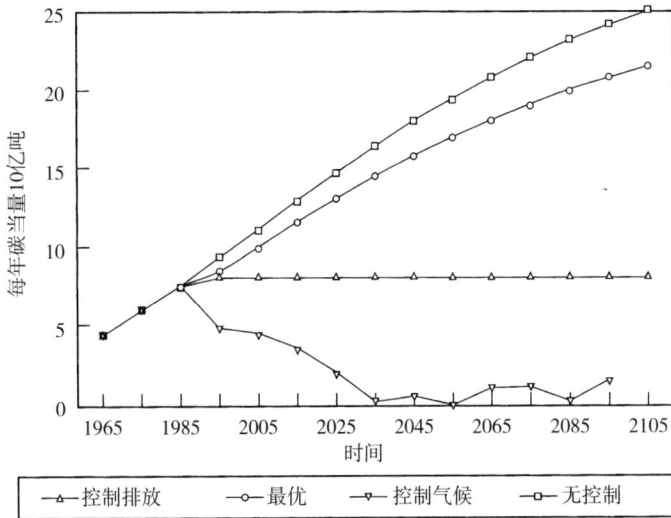

图 5.2 温室气体排放（只包括二氧化碳和氯氟烃）

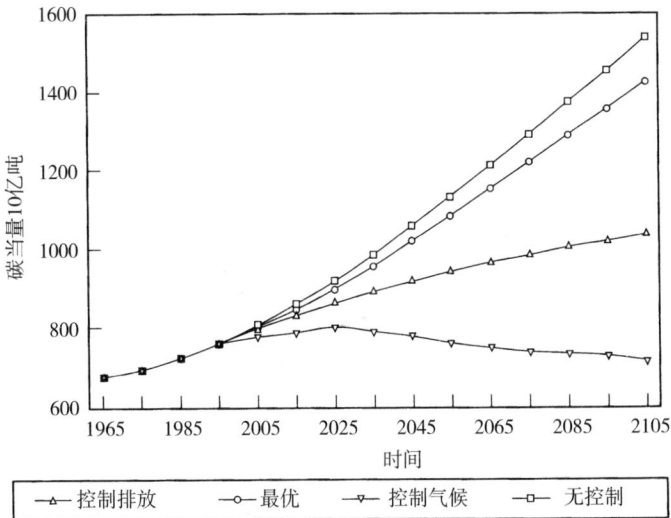

图 5.3 大气中温室气体浓度（只包括二氧化碳和氯氟烃）

表 5.4　在 DICE 模型中基础与最优运算温室气体排放和浓度的值
（碳当量 10 亿吨）

10 年集中在一年上	温室气体排放（每年）		温室气体浓度（末）	
	Uncont	Optimal	Uncont	Optimal
1965 proj	4.42	4.42	677	677
act	na	na	677	677
1975 proj	5.89	5.89	698	698
act	na	na	na	na
1985 proj	7.53	7.53	727	727
act	7.53	7.53	na	na
1995 proj	9.28	8.46	764	764
2005 proj	11.07	10.07	809	803
2025 proj	14.62	13.00	921	902
2075 proj	21.96	19.01	1293	1221

说明：总温室气体排放和浓度是二氧化碳和氯氟烃的二氧化碳当量转变为产生了等量辐射力的二氧化碳碳当量。

符号："proj" = 来自模型预测的水平；"act" = 实际水平；"uncont" = 无控制运算的结果；"optimal" = 用最优化排放运算的结果；"na" = 没有得到。

上与最优路径没有差别，这在图表中没有显示。气候稳定方法说明大幅度削减排放量，对排放浓度引起的影响在 2025 年达到顶点 800 GtC 左右，此后排放浓度需要下降。

在图 5.4 和表 5.5 中显示了可供选择的政策对预期的全球中值地表温度的影响，这里显示了计算的全球中值地表温度的变化（相对于 1865 年的基期）。根据这里所用的模型，全球中值地表温度从基期到 1985 年上升了 30.6 ℃。在不受控制的情况下，到

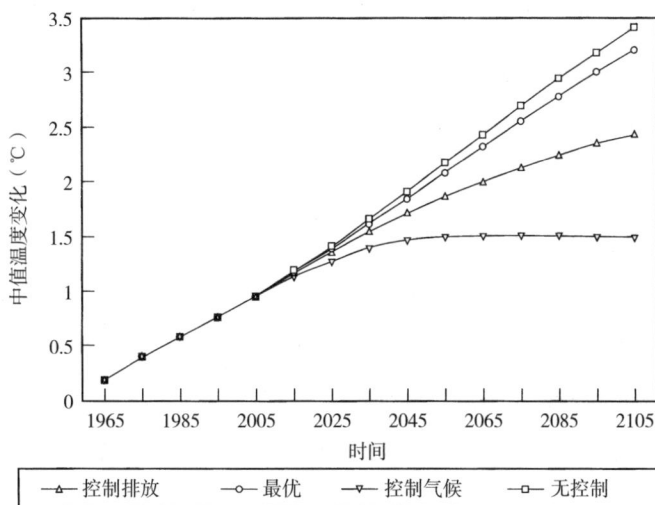

图 5.4　全球中值温度（从 1865 年以来的变化）

表 5.5　在 DICE 模型中无控制和最优运算的全球中值表面温度的值
（与 1865 年水平的差别，℃）

10 年集中在 1 年上	温度增加	
	Optimal	Uncont
1965 proj	0.20	0.20
1975 proj	0.40	0.40
1985 proj	0.58	0.58
act	0.3—0.6*	0.3—0.6*
1995 proj	0.76	0.76
2015 proj	0.96	0.96
2025 proj	1.38	1.40
2075 proj	2.55	2.68
2105 proj	3.20	3.40

注：* 根据 IPCC（1990）和 NAS（1992）估算，1865 年以来全球温度上升。
符号：“proj” = 来自模型的预测；“act” = 实际的水平；“uncont” = 不受控制
运算的结果；“optimal” = 用最优化排放运算的结果。

21 世纪结束，全球中值地表温度估计将上升 3.4 ℃，每 10 年的平均年代际增长为 0.24 ℃；在最优情况下，全球中值地表温度估计到 21 世纪结束将上升 3.2 ℃，每 10 年的平均年代际增长为 0.22 ℃；最优路径表明，全球地表温度增长率有适度下降，到 21 世纪结束时比不受控制的路径上升 0.2 ℃左右。将排放量减少到 1990 年水平的 80% 的政策表明，地表温度持续增加，到 21 世纪结束时将上升到 2.25 ℃。这种惊人的结果表明，即使雄心勃勃的减排政策也只能适度减缓气候变化。

许多读者会惊讶，最优政策甚至雄心勃勃的政策对排放浓度和温度轨迹只有如此小的影响。适度影响的原因是直截了当的。根据我们的估算，变暖对全球经济的影响是小的，在平均气温变暖 3 ℃时，其经济损失总计为全球产出的 1.3% 左右。因第一个政策而增加的减缓全球变暖的成本也是极小的，然后随着排放程度提高而大幅度上升。这两种因素的结果是，减缓全球变暖的最优程度只是未来变暖的一小部分。

两个其他因素引起最优路径中变暖程度的小幅减少。第一，在温室气体积累程度为既定的情况下，气候变化有巨大的冲力以及气候对温室气体增加的反应滞后。根据这里所用的模型，如果温室气体浓度稳定在 2000 年预期的水平上——极为雄心勃勃的目标——要求在以后两个 10 年中排放减少 70% 左右，全球中值地表温度也仍然会上升到基点水平的 1.6 ℃左右。

变暖幅度的下降为什么如此小的第二个原因是温室气体浓度

和变暖之间的非线性关系。根据科学研究，均衡的变暖和二氧化碳排放浓度之间是呈对数关系的。这就意味着，二氧化碳从 300 ppm 到 315 ppm 的变动会使均衡温度增至 0.215 ℃，而二氧化碳从 585 ppm 到 600 ppm 的变动只会使均衡温度增至 0.111 ℃。这种非线性关系的含义是，以前减少二氧化碳排放浓度几个百分点的政策对温度路径只有较小的影响。这个结果与几乎在经济系统中到处都能看到的正常收益递减相反。

其他经济变量

在数学编程分析中，模型的结果既包括实物的结果（例如，能源消费或温室气体排放）又包括经济值（例如，产出和消费值）。经济值以非正常的形式作为"现值"得出。[1] 但在以后遵循的描述中，我们把所有现值价格都转变为与 1989 年美元相对应的不变价格。

表 5.6 说明了对最优与气候稳定方法的净储蓄率（净世界产量减消费再除以净世界产值）的值以及资本的净收益率（用减去折旧的净资本的现期收益率来衡量）。正如在这些数字中可以看到

---

[1] 解释关于变量之间差别的一句话是有用的。不变的美元价格是说明根据通货膨胀校正的一个经济变量的熟悉的指数。它仍简单地取一个经济变量的名义值并除以价格指数。用现值价格而不是回到现在（或第一时期）的贴现价格。例如，假设在 2015 年 1 吨煤的价格是 45 美元而且适当的贴现率是每年 9.5%。为了计算 1990 年的现值价格，我们用 45 美元除以 25 年复利的每年 9.5% 的现值因子，这个因子是 10，由此得出煤 4.5 美元的现值价格。在这里的描述中，我们把现值价格变为不变美元价格。

表 5.6　不受控制和气候稳定运算的储蓄率与收益率

10 年集中在 1 年上	净储蓄率（净产量的百分比）			收益率（每年百分比）		
	Optimal	Stab	Diff	Optimal	Stab	Diff
1975 proj	7.6	7.6	0.0	6.5	6.5	0.0
1985 proj	7.1	7.1	0.0	6.2	6.2	0.0
1995 proj	6.4	7.3	−0.9	5.9	6.1	−0.2
2015 proj	5.3	8.5	−3.3	5.4	5.5	−0.1
2025 proj	4.7	10.0	−5.3	5.2	5.1	0.1
2075 proj	2.7	9.8	−7.1	4.4	4.5	−0.1

说明：储蓄率等于净投资与净产量的比率。收益率作为按每年为基础的资本的边际产值。

符号："proj" = 来自模型的预测值；"optimal" = 最优控制运算中的值；"stab" = 在稳定气候运算中的值；"diff" = 最优与稳定方案之间的差别。

的，这两个方案（或者实际上是在任何一种方案中）之间的收益率没有实质性差别。但是，模型说明了，资本的净收益一直在下降。资本净收益下降这一指标对评价不同的控制战略是重要的。大多数环境问题分析都把贴现率作为不变的和外生的。实际上，外生性假设看来在这里考察的情况中得到了满足，但建立模型的假设为既定时，随着经济和人口增长的减缓，贴现率应该一直在下降。

　　另一方面，净储蓄率在最优与气候稳定方案之间显然是不同的。在这种计算中，我将净储蓄衡量为最优案例中世界净产值与最优或完全稳定情况下的消费之间的差异，净储蓄率是净储蓄除以世界净产值。这种计算比正常投资的定义更广泛，以反映投资既可以在物质资本中发生也可以在以减排为形式的"气候"资本中发生这个事实。这个令人惊讶的计算结果说明了，由于需要如此大幅度的减排，在气候稳定情况下的储蓄率一直在大幅度上升。

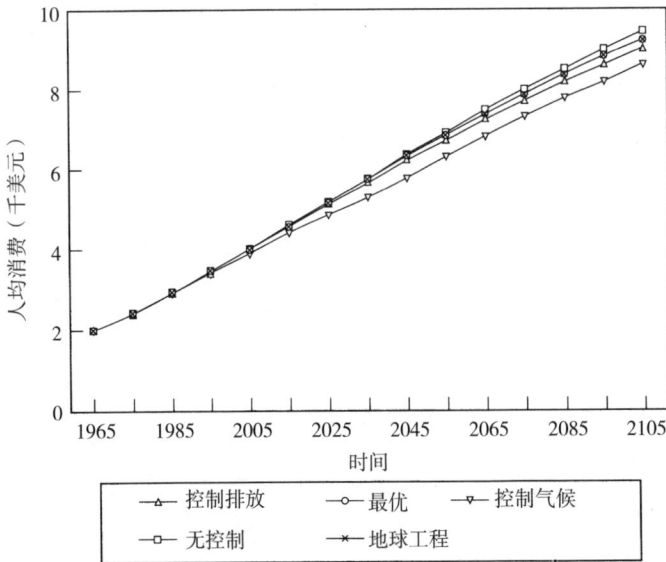

图 5.5　人均消费（美元，1989 年）

图 5.5 显示了在五种情况下真实人均消费的轨迹。这个图中值得注意的特点是，尽管这里研究的情况之间存在差别，但预计未来几年的总体经济增长会抵消气候变化政策对气候变化的影响。在这些方案中，未来的子孙后代的生存环境会由于气候变化而变糟，但他们会比现代的几代人好。在看这个图时，我想起了几年

前汤姆·谢林（Tom Schelling）的评论，气候变化和气候变化方案之间的差别比用 2 号铅笔画曲线时画出的线还要细。感谢电脑画图方法的改进，我们现在可以勉强画出差别了！

排放控制与碳税

表 5.7 和图 5.6 显示了不同政策对温室气体的最重要控制率。这些图表说明，温室气体排放的程度减少到低于它们不受控制的水平。在最优的路径中，近期的减排率接近于温室气体排放的 10%，在 21 世纪后期将提高到 15%。从 1990 年开始减少 20% 的排放量的环保路径说明，急剧上升的控制率到 21 世纪结束达到 70%，而气候稳定政策的排放控制率在 21 世纪的前 75 年以后接近 100%。

政府可以通过实施碳排放税来选择实施温室气体控制战略；碳税[1] 被定义为向所有温室气体排放征收的全球变暖潜在的每单位当量税收。这可以根据作为引起合意控制率的碳税水平的最优方案来计算，在技术上，被计算为目标函数相对于额外碳排放单位的导数，这里的目标函数是根据 1989 价格的消费来标定的。

_____

[1] 碳税的计算是间接的，因为它是一个"二元变量"，模型产生了对消费和碳排放的二元变量。它们的单位分别是来自消费的一单位变动（cc.m）的目标函数的变化和来自碳排放的一单位变动（ee.m）的目标函数的变化。用 cc.m 除以 ee.m 就得出了消费每单位碳的隐含的价格，它提供了碳税的一种计算。由于技术原因，我们用资本的影子价格而不用消费的影子价格。因此，根据 GAMS 的产出，碳税是 −1000 乘以 ee.m/kk.m，这里负号反映碳排放是"坏"而不是"好"的事实。

表 5.7　在 DICE 模型的最优运算中控制水平与温室气体的碳税当量

10 年集中 在 1 年上	温室气体 * 控制率 （百分比）	碳税当量 （1989 年每吨碳 / 美元）
1965 proj	0.0	0.00
1975 proj	0.0	0.00
1985 proj	0.0	0.00
1995 proj	8.8	5.29
2005 proj	9.6	6.77
2025 proj	11.1	10.03
2075 proj	13.4	17.75

注：＊作为不受控制排放的百分比。

说明：碳税是每吨二氧化碳当量，碳加权。

符号"proj"＝来自模型预测的值。

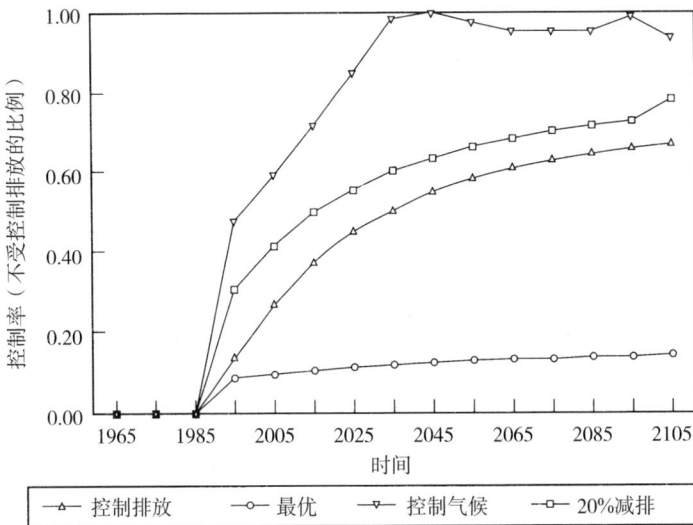

图 5.6　温室气体控制率（温室气体排放的减少）

表 5.7 与图 5.7 和 5.8 给出了在不同运算中一段时期内的最优碳税。最优路径显示，在第一个控制时期，即 1990—1999 年，碳税为每吨碳（或者其他温室气体的当量）5 美元左右。作为参考，每吨碳税 10 美元将煤价提高每吨 7 美元，约为现在美国煤价的 25%。在最优情况下，碳税会一直逐渐增加到 21 世纪结束，为每吨碳 20 美元左右。提高税收主要反映了全球产出的水平的提高，而不是增加严格控制的努力。

10 年的延迟（没有显示）在第四个时期为零税，但实际上与最优政策几乎无法区分。没有缓解的政策显然为零税率。排放稳定政策有急剧上升的碳税，在 21 世纪初期将达到每吨 200 美元，而到 21 世纪末将上升到 400 美元到 500 美元之间。气候稳定政策显示，2025 年以后甚至会产生更大幅度的碳税，在 600 美元和 850 美元的范围内。显而易见，有力的财政或管制措施是实现稳定排放或气候所必需的。

结　论

本章提出了 DICE 模型最好的预测结果。在这一节中，我们总结主要结论。现在的研究已经讨论了经济增长对未来气候变化的含义，以及不同环境控制政策对全球经济的影响。研究采用了应对温室变暖的有效政策必须在代际框架中权衡不同政策的成本与收益的方法。用这种方法，其主要结果与保留意见如下。

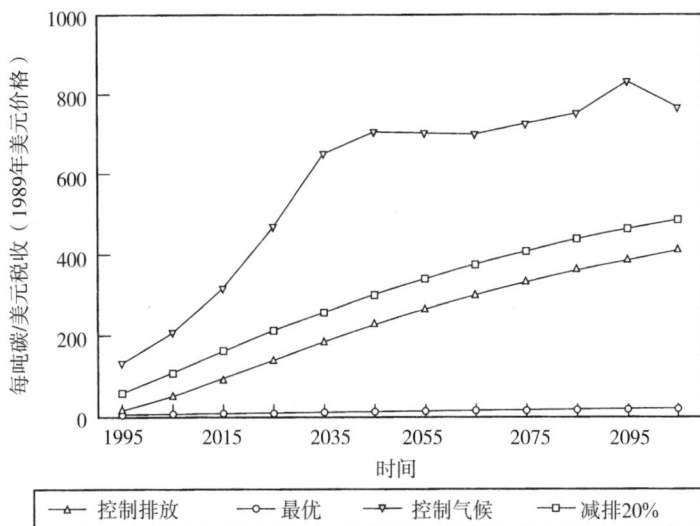

图 5.7 碳税率

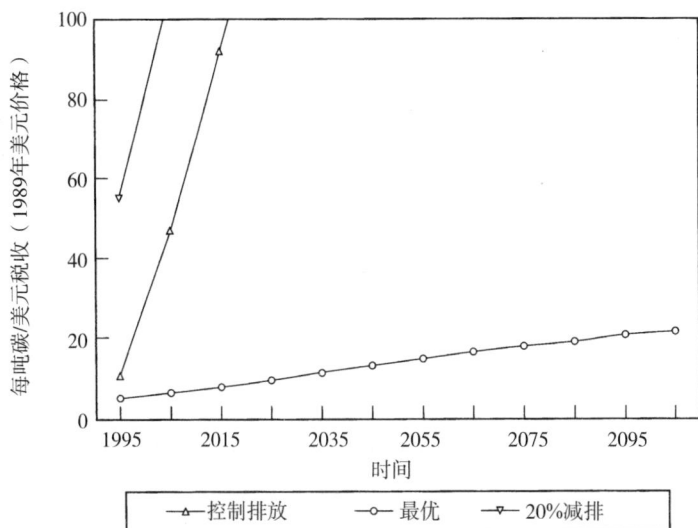

图 5.8 碳税率（减少的标准）

　　该研究考察了对温室气体控制的七种不同方法：无控制、经济最优化、地球工程、稳定排放和气候，以及在采用气候变化政策中推迟 10 年。在这七种方法中，当现在的信息既定时，从纯经济角度出发的方法选择排序为：地球工程、经济最优、10 年推迟、无控制、稳定排放、减排 20% 以及稳定气候。与其他政策相比，地球工程的优势是巨大的，虽然这种结果假设地球工程选择存在经济和环境上的好处。

　　把这些结果与其他经济研究的结果比较，对我们是有启发的。缅因和瑞切斯（1990a，1992）、皮克（Pcck）与泰斯伯格（Teisberg，1992）以及卡斯塔德（Kolstad，1993）的研究得出了大体上与这些报告相似的结论。所有这些研究都包含了公开的或隐含的排放控制率与碳税之间的关系；这种关系广义上与这种研究发现的关系类似，尽管能源部门有更详细的研究比这里所看到的这些研究有更为复杂的动态。乔根森和威尔科森（1990，1991；特别参看 1991 的研究）的研究说明，减少温室气体排放需要确定较低碳税，比这里说明的更大，因为在乔根森、威尔科森的模型中假设的增长率较低。

　　一些其他研究——克莱因（1992）、皮克和泰斯伯格（1992）、科斯塔德（1993）的研究以及诺德豪斯（1979，1991b，c）早期的研究——也决定了最优排放控制率和碳税。除了克莱因（1992）的研究例外，所有早期研究都说明在这里决定的一般范围内的最优政策。哈米特（Hammit）、里姆普特（Lempert）和施勒辛格

（1992）的研究探索了达到某个温度限制可供选择的控制战略；虽然没有决定最优路径，但这个研究得出结论，如果温度——浓度敏感度（$T_2 \times CO_2$）低，或者如果允许的温度变化在 3 ℃以上，适度减少战略比"总量"战略的成本更低。克莱因（1992）的研究与此相反，有高得多的控制率。在克莱因的研究中更为严格的控制是由于许多特点引起的——但主要是因为克莱因的结果不能保证明确的代际最优化，做了许多倾向于严格控制的假设，并假设引起严肃的理论与实证问题的极低的贴现率（在第 6 章中详细研究这一点）。

　　应该强调的是，目前的分析有许多重要的限制条件。最重要的缺点是危害函数，特别是发展中国家和自然生态系统对气候变化的反应尚不清楚；而且，快速或灾难性气候变化的可能性，由于它的准确机制和可能性还没有确定，也不能排除。此外，计算忽略了其他潜在的市场失灵，例如臭氧耗尽、空气污染以及研究和开发（R&D），这会加强温室气体减少或碳税背后的逻辑。最后，这个研究抽象掉了不确定问题，在不确定性中风险厌恶和学习的概率会修改控制战略的力度与时间。这些问题在以后各章中要解决。

第三编

气候变化政策中的风险与不确定性

RISK AND UNCERTAINTY IN POLICY TOWARD
CLIMATE CHANGE

第6章 |
DICE 模型的敏感度分析

风险与不确定性分析导言

应对气候变化挑战的努力必须被承认，关于未来气候变化和我们对未来的了解存在巨大的不确定性——实际上，不确实性是决定合适的气候变化政策最关键的限制。我们对涉及气候变化的许多经济与科学内容了解不多，例如我们的经济和生态模型都依靠对地球物理过程不完全的了解，例如气候对温室气体变化的反应或者反应的时间范围。此外，未来排放、浓度和温度路径的预测关键依靠影响人口、生产率增长和能源效率的推测性力量。而且，我们还不知道我们的不确定性会以多快的速度缩小，或者能有最好的建议把我们的研究经费用在什么地方，以缩小不确定性。

在第三编中，我将把精力集中在这些不确定的关键的问题上。目的不是解决不确定性，这需要一定的时间与对自然和社会科学了解的积累，否则是不可能的。相反，目的是分析关于基本参数和模型的不确定性对气候变化速度整体预测的影响，对经济的影响，以及对我们今天应该遵循的最优政策的影响。了解投注赔率不会让一个人成为赌桌上确定无疑的赢家，但它可以让一个人估算赢与输的分布并提出好战略。

这里遵循的方法是预期效用和主观概率理论的运用。这种方法是由 J. 冯·诺依曼（J. von Neumann）和奥斯卡·摩根斯坦（Oskar Morgenstern，1943）、L. J. 萨维奇（L. J. Savage 1954）、R. D. 卢斯（R. D. Luce）和 H. 拉法（H. Raiffa，1958）及其他人开发的。根据这种方法，我们确定我们系统中不确定性的特点，对不确定变量作出一个概率估算（这些是"主观概率"），然后把系统粗略看作主观概率是客观的投注赔率。

分析将按三步进行。在这一章中，我进行了不同的不确定性的初步分析。在这一步，我将确定 DICE 模型中不确定的参数，并估算结果对每一种变量假设的变动敏感度。本章的后半部分讨论不太容易处理的问题，例如，模型规定或最优模型使用。在这一章结束时，读者应该很清楚哪些参数可能会显著改变结果，哪些参数对结果相对不重要。

下一章进行更为严格的主观概率使用。根据这一章的分析，我确定了八个最重要的不确定性变量或参数，之后依靠现有的研究，我发展了每个重要的不确定变量的主观概率分布。然后我完成了一个蒙特卡罗不确定性对气候和经济结果以及最优政策影响的估算。根据这些运算我将说明，从温室气体最优减排和引起最优减排必要的最优碳税角度，的确存在最优政策的重大不确定性。

这一编的最后一章研究学习与信息价值问题。对我们的政策来说，我们可以减少多少不确定性，以及什么时候不确定性会减少，是十分重要的。如果经济和科学的不确定可以迅速得到解决，我们在制定强有力的控制政策之前就决定等待；如果不确定无法迅速解决，我们就会建议今天采用高代价的预防性措施，以防止灾难性损失。第八章根据不确定性，研究如何揭示会影响我们政策的不确定性，同时也估算更好的信息的价值：应该花多少钱来获得关于未来经济、地球物理或技术事件的更好信息？

估算由于模型参数引起的未来气候变化的不确定

背景

分析未来路径不确定性的主要障碍之一是评估所有不确定性，并作出所有不确定变量对有价值的内生变量或政策变量联合分布的数字估算问题的偏离规模。因此，我决定用两段来分析这个问题：第一阶段讨论包括在这一章中展开，确定最重要的不确定性变量的外推或甄别阶段；第二阶段讨论在下一章进行，是根据整个模型作出不确定性估算的正式分析。

第一个分析的外推阶段是确定重要的不确定性变量。这个阶段通过进行模型中每个变量"敏感度检测"来展开。这个阶段用于确定每一个变量的不确定性对系统影响的数量级，以便允许第二阶段集中在最重要变量的研究上。

参数值的选择

外推阶段的程序如下：首先，我们确定模型中每一个外生变量（或者在一些情况下的变量）。表 6.1 显示了模型中所有参数的清单，出于技术的原因，对一些参数并不研究。[1] 对每一个研究的参数，我们作出不确定性范围的粗略估算——也就是说，参数可供选择的"高"值。根据主观概率，我们确定那个变量的累积主观概率分布高达第 90 百分位数，而中心值是第 50 百分位数。检验的高度有时以较全面考察的不确定性为基础（例如根据诺德豪斯和约赫在 1983 年的估计数据），而且在一些情况中只是粗略判断。

由于在下一章中会给出大多数重要不确定性估算的推导，表 6.1 给出的只是参数估算证明的一个概要。我们按表 6.1 列出的顺序进行。边际消费效用弹性的高值用了一个经常从经济文献中推导出来的可供选择的值。成本函数的截距和指数以及边际大气存留率在下一章讨论。资本折旧率用了一个看似合理的较短寿命期。温室气体消除率用了在 IPCC（1990）报告中所用的可供选择的存留时间。生产率与人口下降率在下一章讨论。外生温室力

---

[1] 略去资本、人口和产出的初始状况，因为这些对数字结果不是必需的；如果这些变量的初始状况估算错了，就会自然地抵消其他变量值的正确性，即生产函数或二氧化碳输出比率的截距。

表 6.1 不确定性研究的参数与初始检验值

参数	定义	基值	检验高度
α	消费边际效用弹性	1	2
b_1	成本函数的截距	0.0686	0.133
b_2	成本函数的指数	2.9	3.5
β	二氧化碳边际大气存留率	0.64	0.78
δ_K	资本折旧率	0.10	0.15
δ_M	大气中二氧化碳的消除率	0.0833	0.05
δ_A	生产率下降率	−0.11	−0.0407
δ_L	人口率下降率	−0.19	−0.05
F_{exog}	外生温室气体温室（因子）	1.0	1.5
$g_A(1965)$	1965 年生产率的增长率	0.150	0.200
g_A^*	生产率的渐近增长率	0.000	0.004
$g_L(1965)$	1965 年人口增长率	0.223	0.275
g_L^*	人口的渐近增长率	0.000	0.005
$g_\sigma(1965)$	二氧化碳—产出比率的下降率	−1.25	−0.11
λ	气候系统的反馈参数（$1/T_{2\times CO_2}$）	1.41	0.95
$M(1960)$	大气中二氧化碳当量的初始浓度	677	743
ρ	纯时间偏好率	0.03	0.01
$1/R_1$	气候滞后因子	0.226	0.326
R_2/τ_{12}	由浅海到深海的交换时间	0.44	0.22
$\sigma(1965)$	初始二氧化碳—产出比率	0.519	0.571
$T(1960)$	初始温度，大气	0.2	0.3
$T^*(1960)$	初始温度，深海	0.10	0.15
θ_1	危害函数的截距	0.0133	0.0270
θ_2	危害函数的指数	2	4

的量（例如甲烷）来自 IPCC（1990）报告，它说明在不同方案中接近的偏差量。初始的人口和生产率增长是这些参数的合理替代估算，而可供选择的人口增长和生产率渐近的增长率具有比基本情况更合理的水平。

可供选择的二氧化碳—产出比率的下降率和气候反馈参数在下一章中得出。大气中二氧化碳当量温室气体初始浓度的不确定性假设的是，非二氧化碳温室气体被低估了两倍。纯时间偏好率和在 DICE 模型中改变它的方法在下一章讨论。气候滞后因子用了一个来自第一编讨论中的不同气候模型的可供选择的值，而交换参数是简单的交换时间的倍数。二氧化碳—产出比率的初始值的假设基础是，二氧化碳排放的持续测量误差为正负 10%，因此在初始排放水平上加 10%。大气上层与下层温度的初始状态反映了在过去一个世纪中这两个值趋势的不确定性。最后两个参数反映了危害函数的不确定性，在以下两章中要深入讨论这个问题。应该强调的是，在这个初始阶段，目的是简单地从不确定性的数量级估算开始，以便确定重要的不确定性，同时剔除对气候政策或未来状态作用并不大的不确定性。

下一阶段要形成标准函数，我们可以用它分别衡量每个变量对结果不确定性的作用。为了这个目的，我们创造了一个重要政策、经济与气候变量变化的指数（我们称它为"目标变量"），它使我们可以用模型运算来确定所考察的不确定参数的敏感度。例如，我们定义一个指数，它可以衡量与基点运算相比在检验高速运算中目标变量的偏差，更加准确地说，我们定义敏感指数 I，作为不同时间段的运算与基本路径的标准偏差，如下所示：

$$I_i = \sum_t \{ ([X_i^H(t) - X_i^*(t)]/X_i^*(t))^2 \}^{0.5} \qquad (6.1)$$

这里，$X_i^H(t)$ 是第 i 项目标变量的检验高值，$X_i^*(t)$ 是第 i 项目标变量的基础值。为指数计算的目的，我们考察了 1995 年、2045 年和 2095 年变量的值。目标变量是人均消费、碳税、世界产出、温室气体减少率、温室气体排放、温室气体浓度以及全球温度增加。

结果

外推阶段的全部结果在表 6.2 到表 6.4 中列出。表 6.2 和图 6.1 说明了每个参数不确定性的全部指数。这反映了在这三个时期中加总的变化正常标准差的平均数。[1] 一个或更高的值说明，模型对这个参数是十分敏感的。例如，最敏感的指数是 δ_2，人口增长率的下降；检验值的影响是将目标变量的因子平均改变 3.4 倍。对结果有重要影响的变量主要是经济变量（人口与生产率增长、时间偏好以及排放—产出比率的趋势）。一些变量比较不重要，包括温度的初始值与资本折旧率。

表 6.3 显示了每一个不确定变量和每一个目标变量总结性的结果；对表 6.2 中列出的变量是关键的。表 6.3 的各项显示，对

---

[1] 正常标准差是计算出来的，以使每一个目标变量对不确定性指数的作用都是相同的。

表 6.2 总体不确定指数

变量	指数 *	定　义	税收 $\times (1-\mu)$
δ_L	3.3749	人口增加下降率	1.4986
g_L^*	3.3445	人口的渐近增长率	2.0508
g_A^*	3.2336	生产率的渐近增长率	0.5081
δ_A	2.0227	生产率增长下降率	0.2914
$g_A(1965)$	1.9727	生产率的初始增长率	0.3043
ρ	1.9016	纯时间偏好率	2.0300
$g_\sigma(1965)$	1.4344	产出—二氧化碳比率的外生下降	0.0958
θ_1	0.8553	危害函数的截距	0.8705
θ_2	0.8387	危害函数的指数	0.8501
λ	0.8138	气候—温室气体敏感度	0.4324
$g_L(1965)$	0.7808	人口初始增长率	0.2331
b_2	0.4347	缓解成本函数指数	0.0709
β	0.4153	大气中碳存留率	0.1964
$1/R_1$	0.3815	气候滞后参数	0.1740
F_{exog}	0.3814	外生温室气体因子	0.1030
$M(1960)$	0.3126	大气中二氧化碳的初始存量	0.0140
R_2/τ_{12}	0.3000	浅海到深海交换时间	0.1573
$\sigma(1965)$	0.2405	初始二氧化碳—产出比率	0.0128
α	0.2362	相对风险厌恶率	0.2111
δ_K	0.2358	资本存量折旧率	0.0347
b_1	0.2345	缓解成本函数截距	0.0382
δ_M	0.2175	大气中二氧化碳的消除率	0.0780
$T(1960)$	0.0201	上层海洋初始温度	0.0007
$T^*(1960)$	0.0171	低层海洋初始温度	0.0031

注: * 加权与每个目标变量的绝对平均差是反方向的。

表 6.3 模型变量的不确定性排行

变量	Tax × $(1-\mu)$	Y	C/L	μ	E	M	T	Tax
δ_L	1.4986	0.8987	0.0326	0.7175	0.6748	0.4663	0.0914	1.8231
g_L^*	2.0508	0.7601	0.0327	0.9536	0.4555	0.3161	0.0635	2.7426
g_A^*	0.5081	0.6361	0.6346	0.2623	0.5513	0.3893	0.0671	0.5926
δ_A	0.2914	0.3953	0.3942	0.1570	0.3572	0.2458	0.0499	0.3281
$g_A(1965)$	0.3043	0.3764	0.3755	0.1632	0.3441	0.2027	0.0759	0.3374
ρ	2.0300	0.0466	0.0148	0.9150	0.0890	0.0460	0.0240	2.4950
$g_\sigma(1965)$	0.0958	0.0045	0.0040	0.2811	0.6369	0.3747	0.1357	0.0698
θ_1	0.8705	0.0085	0.0078	0.4393	0.0622	0.0322	0.0150	0.9891
θ_2	0.8501	0.0017	0.0016	0.4154	0.0664	0.0460	0.0097	1.0303
λ	0.4324	0.0044	0.0041	0.2283	0.0327	0.0171	0.1897	0.4786
$g_L(1965)$	0.2331	0.2140	0.0060	0.1280	0.1939	0.1086	0.0494	0.2551
b_2	0.0709	0.0005	0.0004	0.5517	0.0734	0.0354	0.0186	0.0061
β	0.1964	0.0018	0.0016	0.1084	0.0148	0.0586	0.0786	0.2138
$1/R_1$	0.1740	0.0013	0.0012	0.0956	0.0135	0.0069	0.1020	0.1894
F_{exog}	0.1030	0.0021	0.0020	0.0572	0.0082	0.0040	0.1324	0.1114
$M(1960)$	0.0140	0.0009	0.0009	0.0101	0.0011	0.0285	0.1247	0.0152
R_2/τ_{12}	0.1573	0.0016	0.0014	0.0869	0.0123	0.0064	0.0702	0.1711
$\sigma(1965)$	0.0128	0.0008	0.0007	0.0485	0.0924	0.0480	0.0368	0.0101
α	0.2111	0.0227	0.0094	0.1173	0.0081	0.0039	0.0055	0.2293
δ_K	0.0347	0.0397	0.0488	0.0224	0.0373	0.0191	0.0119	0.0376
b_1	0.0382	0.0002	0.0002	0.2952	0.0401	0.0206	0.0095	0.0038
δ_M	0.0780	0.0011	0.0011	0.0452	0.0058	0.0380	0.0469	0.0841
$T(1960)$	0.0007	0.0000	0.0000	0.0000	0.0001	0.0000	0.0093	0.0007
$T^*(1960)$	0.0031	0.0001	0.0001	0.0000	0.0003	0.0001	0.0070	0.0031

说明：这个表中的排序是表 6.2 显示的整个排序。

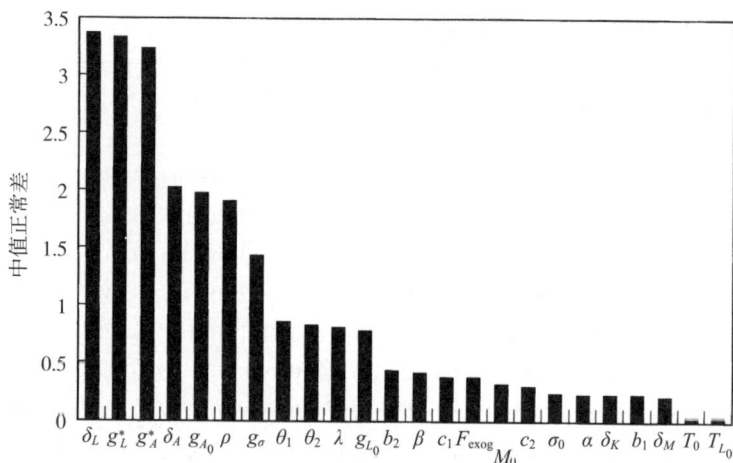

图 6.1　全部不确定性（所有变量的平均值）

资料来源：按方程式（6.1）定义的表 6.2 的指数。一些变量用缩写标出来，而且这些与表 6.2 中的顺序相同。

1995 年、2045 年和 2095 年这三年的每个目标函数的平均正常中值绝对差，即 $\{[X_i^H(t) - X_i^*(t)]/X_i^*(t)\}^{0.5}$。初始时期的碳税和控制率，这个数字可以从表 6.4 中给出的数据算出来。例如，对控制率 μ 项 ρ 是 0.9150。这说明，ρ 中选定的变化使控制率在这三年平均改变了 91.5%，的确是相当大的变动。另一方面，初始排放—产出比率的检验变化仅使控制率平均改变了 4.9%。

　　唯一不能自我解释的目标变量是第二栏作为"tax×（1−μ）"的税收收入变量。此变量代表碳税的标准化收入，以碳税时间减去排放控制率为衡量标准；这个变量是把控制率和排放的社会成本结合起来的一个好代表。表 6.3 中的数据根据表 6.2 中不确定性

表 6.4　模型变量的检验变化对碳税和控制率的影响

	温室气体控制率			碳税（1989 年美元）		
	1995	2045	2095	1995	2045	2095
基点	0.090	0.125	0.143	5.32	13.68	21.03
ρ	0.195	0.252	0.282	23.58	52.58	77.50
b_2	0.148	0.191	0.212	5.29	13.69	21.27
θ_1	0.130	0.180	0.205	10.67	27.23	41.46
δ_L	0.130	0.217	0.282	10.72	38.77	76.10
g_L^*	0.129	0.230	0.370	10.51	43.42	127.79
λ	0.110	0.154	0.176	7.85	20.22	31.18
α	0.108	0.137	0.151	7.48	16.52	22.58
$g_\sigma(1965)$	0.105	0.165	0.194	5.46	13.12	18.05
$g_L(1965)$	0.101	0.142	0.161	6.64	17.35	26.28
β	0.101	0.139	0.156	6.65	16.59	24.79
$1/R_1$	0.099	0.137	0.156	6.34	16.30	24.91
R_2/τ_{12}	0.098	0.136	0.155	6.23	16.04	24.58
$g_A(1965)$	0.098	0.148	0.174	6.28	18.89	30.51
δ_M	0.096	0.131	0.146	5.97	14.81	22.03
F_{exog}	0.096	0.132	0.150	6.02	15.18	22.98
$\sigma(1965)$	0.095	0.131	0.149	5.39	13.66	20.69
δ_A	0.093	0.143	0.185	5.61	17.68	34.43
g_A^*	0.093	0.151	0.221	5.70	19.49	47.97
$M(1960)$	0.092	0.126	0.143	5.53	13.76	21.00
$T(1960)$	0.090	0.125	0.143	5.33	13.68	21.03
$T^*(1960)$	0.090	0.125	0.143	5.35	13.73	21.02
θ_2	0.089	0.178	0.259	5.20	26.80	65.36
δ_K	0.088	0.122	0.140	5.13	13.14	20.25
b_1	0.064	0.088	0.100	5.34	13.66	20.86

的顺序分类。

首先要注意，每一个变量相对重要性的变动取决于感兴趣的目标变量。人口增长对控制率、税率和收益是极其重要的，但对人均消费水平就不重要得多。外生非二氧化碳温室气体（F_{exog}）的作用对气候的不确定性是关键的，但对税收或收益的不确定性都最不重要，因为没有影响这些排放的工具。

表 6.4 显示了这三个时期中不确定变量对两个重要政策变量的影响——温室气体控制率和碳税率。该表按照第一期的温室气体控制率排序，以说明在初始阶段不确定性对最优政策的影响。在某种意义上，这是最起作用的不确定衡量，在这里它说明了不确定性对我们今天行动的含义。也许除了说明纯时间偏好率对现在政策不确定性的相对重要性以外，这里没有什么重大意外。

关于结果的一些评论将对这一节作一个概括；详细的讨论参看表 6.3 中详细的结果。产出的不确定性明显取决于生产率和人口增长的不确定性；对大多数气候与能源参数没什么依赖性。人均消费绝大部分取决于生产率增长的不确定性，而气候系统的参数相对并不重要。

排放的不确定性主要取决于人口和生产率增长率以及二氧化碳—GNP 比率的外生改善率。浓度的不确定性取决于二氧化碳—GNP 比率的外生改善率、人口和生产率增长以及碳循环的参数。气候的不确定取决于气候模型的参数，特别取决于气候参数 λ 以及主要的科学与经济变量。

　　根据政策参数，温室气体控制率的不确定性主要取决于经济变量，例如时间偏好率以及人口和生产率的增长。其他重要的不确定性取决于人口增长、缓解成本函数以及一些气候参数。影响碳税的不确定性与温室气体控制率的不确定性十分类似。

未来分析的变量选择

　　最重要的不确定性是哪一个呢？在这个不明确的排序为既定时，需要作出一些选择。人口和生产率增长这三个变量并没有表现出真正独立的不确定性，人口或生产率的渐近增长率都与这些增长率的下降率密切相关。我们选择这两个变量增长率的下降率作为不确定的变量，因为它们最好地抓住了这些变量近期的时间路径的问题。对于气候变化函数的两个参数，我们取截距，它最容易与现有的研究关联起来。同样，我们用缓解成本函数的截距代替它的指数，因为前者更容易从模型比较中提取出来。通过这些选择，可以确定表 6.2 中的前八个不确定变量如下：

　　δ_L：人口增长率下降；

　　δ_A：生产率的增长率下降；

　　ρ：纯社会时间偏好率；

　　g_σ：温室气体——产出比率下降率；

　　θ_1：危害函数的截距；

　　λ：气候——温室气体敏感系数；

　　b_1：缓解成本函数的截距；

β：二氧化碳大气存留率。

出于兴趣的目的，在不相关的上升顺序中，最不重要的参数是：

δ_M：大气中温室气体消除率；

T_0：大气的初始温度；

TL_0：深海的初始温度。

整个排序足以让人吃惊和困惑，但这些留给有兴趣的读者继续去研究。得出的结论是，在图和表中说明的排序为下一章的蒙特卡罗运算提供了一个基础。而且，要大幅度改变表 6.2 的排序，这将导致对不确定性的错误估算。假设对参数变动的反应是线性的，如果我们低估了相对大气中二氧化碳存留率 50% 的不确定性，那么这只会使其排名上升一位。所有的不确定性都不是相等的。

可供选择的规范的影响

这一章的上一节考察了每一个模型参数在影响气候变化、经济影响以及气候变化政策中的重要性。在这一节，我们考察对决定每一种影响的大量特定可供选择的假设或方案。可供选择的方案来自两个不同的领域。对一些人，模型规定的不确定性提供了可供选择的规范。第二组可供选择的规定来自模型的评论者；甚至在结构的批评上是有创造性的，他们提供了得出可供选择方法的宝库。

表 6.5　可供选择规定的结果

运　算	控制率, 1995（%）	碳税, 1995（美元/tC, 1989 年, 美元）	每年的全球影响（10 亿, 1989 年, 美元/年）
基点	8.8	5.24	0
高气候变化	11.8	9.09	−149
低气候变化	3.5	0.91	174
灾难性气候变化	17.2	18.66	−269
气候变化的成本	0.136	11.86	−88
一方程式模型	9.3	5.87	−27
高经济增长	8.9	5.69	15578
"免费午餐"	37.1	4.97	54
有浪费支出的税收	0.3	0.02	−11
通过降低的碳再循环	32.0	59.02	137
高 DWL 税 600 年范围可供选择的贴现率	8.8	5.24	0
$\rho = 0.01; \alpha = 2$	12.5	10.11	na
$\rho = 0.001; \alpha = 2.5$	15.8	15.83	na

高气候敏感度

主要的不确定性之一是气候对上升的温室气体的敏感度。按第一种可供选择，我们选择一个比较敏感的模型，即在第 3 章分析的 Stouffer-Manabe-Bryan（SMB）模型。SMB 模型根据 IPCC（1990）的概述，把它放在温度—二氧化碳敏感度估算范围的高端。对这个模型，我们用每次二氧化碳加倍（$\lambda = 0.98$）的温度—二氧化碳敏感度为 4.1 ℃，滞后系数较小，平均滞后 34 年（$c_1 = 0.306$）。

　　表 6.5 中总结了基本结果。这个表收集了在这一节和下一节从敏感度运算中得出的所有结果。第一栏显示了根据温室气体控制率检验敏感度的结果；第二栏显示了对碳税的影响；而最后一栏显示了按每年实际年率 4%（等于每年 6% 的真实利率减去每年 2% 的增长率）计算的每年的消费流量值对目标函数的影响的年值。

　　对于高气候敏感度的情况，初始的最优控制率提高 1/3 左右，而初始最优碳税率提高到每吨碳 9.09 美元。在结论中并没有重大变化，运算说明，温室气体排放的气候影响的不确定性是相当大的。

低气候敏感度

　　虽然这个研究中用的方法采用了温室气体增加对气候的影响的科学共识，但正如在第 3 章所说明的，历史温度数据并没有给这个模型多少支持。并不是所有科学家都采取了气候变暖的传统观点。例如，麻省理工学院的理查德·林德兹（Richard Lindzen）教授就说："我断言，由于所观察到像二氧化碳、甲烷和含氯氟烃……这类温室气体少量增加而引起的大规模全球变暖的预言并没有坚实的基础……大量计算表明，如果（大气中的二氧化碳加倍），我们也可以预期变暖的温度值从 0.5 ℃上升到 1.2 ℃。"[1]

　　在第三章中，我们提出了与历史上统计的温度变化数据一致的参数的估算。这些估算发现，温度—二氧化碳敏感度为二氧化

---

[1]　参看林德兹（1992），第 87、89 页。

碳的倍数（$\lambda = 4.0$）$1.0℃$，这与林德兹的说法是一致的，而且有较长的滞后（系数 $c_1 = 0.0942$）。正如表 6.5 中显示的，这种运算发现极大地降低了最优控制率。这些说明，初始最优控制率为相当低的 3.5%，而且初始最优碳税也降到每吨碳 0.91 美元。对这种方案，为减缓气候变化而采取代价高昂的国际努力来控制温室气体，这并没什么合理性，这个例子说明了改进我们对气候系统了解的重要性。

灾难性气候变化

也许气候变暖经济学的当前分析主要关注的，可能大大低估了气候变化对人类社会和生态系统的影响。虽然灾难性后果是难以预测的，但一些分析家提出了出现毁灭性影响的可能性。一些气候变化的潜在影响是南极西部冰川变化的主要波动，这会引起海平面上升 20 英尺或更多；无法预测的洋流的转变，例如，温暖了北大西洋沿海区域的暖流被寒流取代；在失控的温室效应中气温升高使苔原溶化了，并释放出像甲烷这样大量增加的温室气体；前世界的谷物带大规模沙漠化；最近有证据表明温度和海平面发生了非常迅速的变化；或者在新的气候条件下致命的病虫害将演变并传播。

最近的研究开始给气候系统中剧烈的变化或气候变化重大增加的关注带来一些可信度。格陵兰冰芯项目（GRIP）最近研究结果表明，至少在那个地区，相对于过去的气候，现在的气候极其

稳定。冰芯表明，在温暖时期极为迅速的温度变化出现了（早期
研究已经发现气候不稳定只与气温升高和冰川时期的转变相关）。
在格陵兰冰芯的（但不是南极洲冰芯）一个惊人的基本发现是，
在一个 70 年的周期中通过一次循环，表面温度达到 12 ℃左右。[1]
第二组结果来自最近运行的 GCM 模型和海洋—大气耦合模型。这
个研究发现，如果全球变暖超过了某个门槛，北大西洋洋流将改
变变化特点，而且气候会进入一个不同的、地方性稳定的状态。
在二氧化碳浓度加倍之后，模型回到原来的均衡状态；相比之下，
在大气中二氧化碳浓度增加四倍之后，模型气候将保持在新的平
衡状态。[2]

　　仔细考察这些结果是重要的。他们并没有证明不稳定性，更
重要的是，他们并没有确切指出，如果气候变暖了，灾难性变化
的条件概率就会增加（新冰河时代的条件概率近期内可能下降）。
但如果这些结果在全球或者甚至全宇宙范围内得到证明，而且，
如果这种不稳定性会由气候变暖而引爆，那么，其社会影响的整
个性质就必须用完全不同的眼光来重新思考。

　　要知道如何校准这些灾难性方案是困难的，这相当于一场大战
争的灾难。为了构成对灾难性气候变化的敏感度分析，我假设随着
温度升高 3 ℃，一系列毁灭人类文明的地球物理反应将会发生。根

---

[1]　参看 GRIP（1993）以及丹斯高（Dansgaard）等（1993），但进一步研究会发现一些
不一致的结果。

[2]　参看马纳伯和斯托夫（1993）。

据作者最近全面的概述 [1]，一些专家相信，气候变暖 3 ℃时的重大影响有不可忽视的可能性（参看下一章的讨论）。我们假设，灾害采取了由有极高指数的力量函数代表的危害函数及其非线性的形式。更为准确地说，新的危害函数是 $d = 0.027（T/2.5）^{12}$。当温度增加到临界点时，这只会引起适度的成本增加，超过这一点，边际危害就会急剧增加。如果全球温度增加达到 3.5 ℃，这个成本将是全球产出的 60%。显而易见，这种分析对决策者认识到灾难性临界点是关键的。

灾难性临界点的影响是惊人的。在早期阶段，温室政策的影响是比较适度的，20 世纪 90 年代的控制率是有 19 美元碳税时的 17%。但是，在未来几十年中税收和控制率都会急剧上升，以使社会远离这个临界点。早期阶段适度控制的原因是因为资本的高生产率，这意味着在接近致命的临界点之前，应该推迟减缓气候变化的投资，以支持对传统资本的投资。

气候变化的成本

对 DICE 模型的关注之一是它用主要气候变量的变化，而不是变化率来代表气候变化的成本。在一个决定专家对气候变化影响观点所作的概述中显示，实际上每一个人都认为更迅速的变化比缓慢变化的成本高得多；的确，在很多情况下，当气候变化足

---

[1] 诺德豪斯（1994）。

够缓慢时，它被视为没有产生什么明显的经济影响。[1]

　　为了确定这种影响可供选择的观点对政策的影响，我重新说明变化率方面的损害赔偿金。根据专家的概述，在下两个世纪中温度每 10 年增加 0.3 ℃会影响经济产出的 1.9%，而在 21 世纪中，增加两倍的变暖率就会对平均产出产生 5.5% 这么大的影响。因此我们作了一个把所有气候变化的成本都作为变化率而不是气候变化水平的函数的运算。[2] 表 6.5 显示了结果，把估算的气候变化的成本和影响的水平结合起来，结果显然是高水平的控制水平和更高的最优碳税。

一方程式气候模型

　　DICE 模型用了一个相对较为复杂的气候模型，依据是施耐德和汤普森的研究。模型是两方程式版本，代表三个层次，是全球温度对辐射变化的单方向动态反应。这个气候模型比其他地球物理部分更缜密，部分因为这个领域的内在的重要性与兴趣，而部分因为反映了在这个领域可用的模型的范围更大。

　　正如第 3 章中讨论的，我们研究了我们称为一方程式模型的气候—温室气体联系的可供选择且较为简单的代表。这种方法在诺德豪斯（1991c）的早期模型中就使用了。一方程式模型根据以上（3.8）说明的方程式对不同一般循环模型中的反应进行校准并得出：

[1]　诺德豪斯（1994）。
[2]　更确切地说，假设危害函数是 $D(t) = X(t) 0.084 [\Delta T(t)]^{1.534}$。

$$T(t) = T(t-1) + 0.17\big[F(t) - \lambda\,T(t-1)\big]$$

这里，λ=1.41 是对于 SJ 模型而言。这个模型显然并不比基点运算中使用的两方程模型差多少。整体上看，一方程式气候系统模型（称为 DICE-131）在短期内更充分合理地接近有两个方程式系统的标准模型（称为 DICE-123），而且实际上在均衡时更适用：只有在中期运算中一方程式和两方程式模型有显著不同。

在第一组运算中，两个模型都可以与限定为零的控制率对比来检验基线系统。DICE-123 和 DICE-131 在几十年中有一点小差别，虽然一方程式模型倾向于预测上升的温度略高一点。在两个模型中平均温度增加之间的差别在 2025 年是 0.5%，在 2075 年是 8%，在 2105 年是 12%。

根据现在的政策，正如表 6.5 中显示的，一方程式模型得出了较高的边际控制率与碳税。在第一时期，控制率从 8.8% 上升到 9.3%，碳税率从 5.24 美元上升到 5.87 美元，而且每年的收入略有损失。从这次试验看，显然一方程式模型是这里所用的动态成本—收益分析气候模型的合理简单的代表。

高经济增长

一个可供选择的假设是考证经济的好消息是不是环保的坏消息。许多分析家认为，引起生态危害的罪魁祸首是经济增长的过程。在这个方案中，我们以 1965—1990 年期间呈现的速度来探询经济持续增长的影响。在基点情况下，我们假设经济增长缓慢下降（每70年生产率的增长率下降一半）；对高增长情况而言，我们假设生产率的增长没有下降。

当然，对经济活动的影响是惊人的。在基点情况下，我们假设人均消费处于12000美元左右的高端。在高增长的情况下，与此相比，人均消费在250年中将增长到451000美元。一些人会说，对人民而言是好消息，但对地球这个星球和非人类生物来说是坏消息。

正如表6.5中显示的，今天温室政策的影响基本是零。控制率和碳税都偏高，但比表6.5中的其他变化低得多。产生这个结果的原因是模型总要平衡今天与未来的需求与机会。高水平的经济增长会引起未来更多的潜在排放及危险的气候变化，但它也留给未来更多财富，从而更能在减缓气候变化上加以投资。因此，进一步看，随着富裕的未来几代人将更多的高收入投入到缓解气候变化的努力中，高增长将使未来的最优控制和税率比基本情况高得多，虽然有了为缓解问题所作的努力，未来几代人仍然比现在或没有更高的生产能力增长时要好得多。这个结果的道德逻辑是，现在一代人不应该用生产率下降来惩罚未来的子孙后代。

负成本缓解与"免费午餐"

许多分析家认为，存在着可以不付出成本的重大收益，或者甚至效率中的收益；一个例子是小巧的聚光电灯泡，它节约劳动、资本、能源，也能减少温室气体排放。效率红利的范围在10%到

40% 之间变动。

作者对这些发现也有些怀疑，[1] 确定大规模收益的存在如何影响这种研究的发现是有益的。因此我们从美国国家科学院的研究成果中选用了低成本或负成本收益的最优估算，[2] 这意味着，以零成本将目前的温室气体排放量减少 30% 是可能的；这与各种工程研究的结论是一致的。[3] 在这种减少之后，成本函数就采取了基点情况的形式。更为确切地说，这种情况假设，经济可以在零成本时实现温室气体排放—产出比率降低 30%。

表 6.5 显示了这些结果。第一个且不让人惊讶的发现是，缓解的程度要比现在模型大得多，与这里估算接近 9% 相比，估计减排量为 37% 左右（等于无费用的 30% 加有成本的 70%）。另一方面，碳税也略低于 4.97 美元，而且增加得不太猛烈，因为随着如此低的无成本缓解结果的存在，所需要的降低减排的成本也减少了。

次优决策的做出：无效率管制和浪费性支出

这里所用的经济模型以对时间、控制的严格程度以及控制的成本—效率的决策最优为前提。以上描述的一些可供选择的政策研究了可供选择的方法对成本和收益的影响——这些包括等待 10 年来实施控制战略、稳定排放或稳定气候。这些政策都不是最理

[1]　特别参看诺德豪斯（1991a）中的讨论。

[2]　参看 NAS（1992）。

[3]　参看在缓解一节中参考的许多包括在 NAS（1992）中的许多研究。

想的，因为他们用中间的更容易测量和量化的目标（例如排放）来代替最终但难以量化的目标（例如气候变化的经济影响）。

为了现实一些，我们可以通过假设决策者认识到他们的工具不具备成本效益，从而来探讨这些问题。它们会带来浪费，因为用这种方法来运用控制并不会使不同国家或部门减少温室气体的边际成本相等。例如，这种政策看来对高收入国家和地区实施的控制比对低收入国家和地区更严。另一个例子是在美国的发电管制中使用的"环境加法"，这些公司会要求把温室气体的成本转移到他们的投资决策中，而在这些国家受管制的发电行业之外就不要求这种转移。此外，欧洲的碳税提案实际上是不当的，因为它对碳含量征收了一半的税，对能源含量征收了一半的税。

效率低下的另一种情况是在通过实施税收政策时使用收入产生的。建立模型的假设是，这些资金以非经济的方式被回收到经济中。这可能既是过分乐观的，又可能是过分悲观的。如果资金的特点是用于浪费性支出的项目——比如说低收益的公共工程、基础设施或者对低效率技术的环境保护补贴——就是过分乐观的。如果资金用于减少劳动、资本或运输税收这类有重大无谓损失的其他税收，这就过于悲观了。

为了弄清楚气候变化低效设计的影响，我用两种方法修改了基点情况。第一种，我假设通过两倍于基点情况中分析的最优政策工具的成本来实施限制；此外，我假设通过实施税收政策，在这里有一半由税收而来的收益以完全浪费的形式支出了。

表 6.5 说明的结果表明，无效率管制与浪费性支出的结合意味着应该放弃气候计划。最优的碳税降低了 100 多倍，而且最优控制率基本为零。这种结果是因为无效率政策十分浪费，而由市场引起的适应也能比较有效地抵消相当一大部分气候变化的成本。这个与下一个例子说明，政策的设计与寻找气候和影响力的参数同样重要。

通过减少负担沉重的税收的碳税再循环

支持高碳税推进的观点之一是，税收收入可用于减少由大量无谓损失负担的税收。例如，现在实际上所有联邦收入都加在资本、休闲（通过劳动税）或消费这类"物品"上。根据标准的经济分析，税收给经济带来了无谓损失，因为在物品的边际私人价值和边际社会价值之间有一个楔子。在美国，对税收的边际无谓损失的确切价值存在争议，但有人估算出每 1 美元的收入税收可以高达 0.5 美元。

如果这些估算是正确的，就得出用低边际无谓损失碳税取代高边际无谓损失（MDWL）的税收所引起经济效率会超过减缓气候变化带来的任何经济收益。举个例子，如果个人所得税的MDWI 是 0.50（这就是每 1 美元收入有 0.5 美元的税），那么，用碳税来完全取代个人所得税的最后 1 美元除了对气候变化和缓解成本影响外，每 1 美元的碳税收入的净收益为 0.5 美元，从而得出，最优碳税包括减少其他税的 MDWI，这种减少会高于仅仅根据气候变化的模型所计算的（当收入被消费地支出于上一节的例子时，相反的看法也成立）。

为了检验收入再循环的含义，我们对模型进行了修改，以便通过包括减少高 MDWI 税收循环的可能性。更确切地说，我们假设，温室政策完全可以通过有效的碳税来实施，而且税收通过减少无谓损失为 0.3 的税收来完全再循环；这个系数低于估算出的范围，但在似乎可以接受的范围内，而且可以通过严谨的设计来实现。此时，我们假设，现有税收的 MDWI 率与碳税再循环是不变的。[1]

表 6.5 显示了结果，对最优政策的影响相当大（如同在上一节中讨论的浪费情况的影响）。在第一个 10 年，控制率从 8.8% 提高到 32%，碳税从每吨 5.24 美元提高到每吨 59 美元。按照现在美国的温室气体排放水平，这就代表了基本排放量约为 20 亿吨二氧化碳当量；按照在这个例子中的碳税和减排计算，碳税为每年 800 亿美元左右（接近 20 世纪 80 年代 10 年期间联邦收入的近 5%）。这个结果是惊人且显著的，因为它表明，对未来气候变化的关注和寻求更有效的税基的结合，可能会导致比仅仅根据气候变化所证明的更高的碳税。这个发现与无效管制和再循环情况下的相反结果共同强调了，以严谨的方式设计工具和使用收入的关键性。

---

[1]　对这种分析的一个批判性假设是，碳税起初有零 MDWI，拉里·古尔德（Larry Goulder）指出，因为碳税包含重要的消费税成分，碳税的 MDWI 实际上从一开始就相当大。

收入的再循环看来会影响气候变化政策。

时间截面

　　最后一个检验针对的是由过短时期的最优化政策所引起的失误。关注这个问题是因为在经济和气候系统中存在极长的滞后。威廉·克莱因针对此类问题的研究以及早期的研究中批评过，因为这些方法没有考虑长期变暖的可能性。[1] 克莱因的批评是错误的。实际上，现在的模型明确地包括了气候变化的动态，并考虑到对极长时期的影响：在基点运算中，我们估算了有横向条件的 40 个时期（400 年）以反映（甚至）存量变动的长期评价。为了确定四个世纪估算是不是充分的，运算的最后检验估算了不同截面时期的大量政策对不同政策变量的影响。表 6.5 显示了将运行长度延长到 60 个周期的影响。此外，我们也研究了不同范围与不同模型时期对政策变量的影响。诺德豪斯（1992a）附录中的一项分析表明，对于截至第 21 个时期（2160—2169 年）的任何变量而言，截止到 40 个时期而不是 60 个时期的估算基本上没有差异。唯一一次缩短范围得出了不准确结果的估算是因为这次运算有低时间偏好率（小于每年 0.5）。时间截断不是问题，其原因是，通过选择正确的横向条件，较小范围内的解决方案将与无限期的解决方案相同。

----

[1]　参看克莱因（1992a），第 306 页及注释。

贴现的作用

分析性问题

没有一个问题能比未来适当地贴现引起更多关注与混乱。本章的第一部分表明，在纯时间偏好率中一个似乎可以接受的变动对气候变化政策也有重大影响（参看表 6.2 和表 6.4）。在这一节，我评论了围绕贴现的分析性问题，提出资本成本与收益的经验证据，并对 DICE 模型中可供选择的假设影响进行系统评估。应该强调的是，这个题目是被经济学家广泛研究的问题，而且在这一节后面提到有三种可供选择的方法。

从基础知识的理解开始，贴现率是使我们可以把未来值转变为现值的每个单位时间的纯数字。贴现率最普通的形式是名义利率或货币利率，它可以用于估计未来的美元价值，以便它们可以转化为现在的美元价值。当名义利率根据通货膨胀校准时，我们得出了真实利率，它代表了把未来的不变美元价值转变为现值的不变美元价值。

为了理解真实利率经济学，经济学家经常使用构成这种研究基础的最优—增长框架，也就是拉姆齐模型。拉姆齐模型从时间贴现率、边际效用函数和消费增长的结合中推导出了真实利率或物品的贴现率。我们从社会表现出的、对不同代人真实收入关注的不同水平的观察开始。我们称这种现象为时间贴现。例如，如果各代人的福祉相同，社会在今天真实收入的增加与在 100 年中

（$1+\rho$）^{100} 的增加就是无差异的，我们说"纯时间偏好率"每年是 ρ。大多数经济学家和政治哲学家发现，根据伦理基础来为纯时间偏好率大于零辩护是困难的（正如美国只把它国民收入的 0.2% 用于海外发展援助，要为这一事实辩护也是困难的一样）。另一方面，基于这样的前提做出决定是不现实的，事实上，这是有利于现在这代人的。

第二个且更为正确的原因是偏好现在的消费，或者在这个研究的范围内推迟温室气体控制的成本，建立在不同代人享有不同的消费水平这一事实的基础之上。一个多世纪以来，工业国家的生活水平或多或少都在持续增长；因此在 20 世纪期间美国的人均真实消费水平增长了 4 倍。社会充分感觉到，让以后更富有的几代人支付大部分温室气体控制成本是合适的，正如高收入的人把他们较大部分的收入用来支付所得税一样。如果平均生活水平在改善，那么，我们就会贴现未来成本——一种我们称为增长贴现的现象。

要理解物品贴现现象就必须既考虑时间又考虑增长贴现。物品贴现是指以上定义的实际利率，涉及在不同时间点的物品或消费单位的相对估值，真实利率结合了物品贴现和时间贴现。

为了对这些观点进行分析，我们可以根据在第 2 章中描述的最优经济增长框架的拉姆齐模型，这类说明忽略了不损失一般性的环境部门。该模型依据两个偏好参数：以上说明的纯时间偏好率和消费的边际效用弹性。后一个是说明随着收入提高人均消费的边际效用下降率的参数。个人和社会都会感到把真实消费交给贫穷的几代人比更富的几代人有更大迫切性。因此，如果 c 是人均消费，$u(c)$ 是消费的社会评价（或者"效用"），那么，消费的边际效用或者消费增量的社会评价，在高水平消费时下降，这就意味着 $u''(c) < 0$。假设社会对今天提供 1 单位的消费和为 1% 贫困的一代提供（$1+k/100$）单位消费并不关心。在这种情况下，代表消费的边际效用弹性的参数就是它的值 $\alpha = -u''(c)/u'(c) = k$。

如果我们遵循第 2 章提出的拉姆齐模型的方法，我们就可以推导出投资与消费最优路径的状况如下：

$$\partial\{u'[c(t)]\}/\partial t = u'[c(t)]\{\partial Y(t)/\partial K(t) - \delta_K - \rho\} \qquad (6.2)$$

这个式子说明消费的边际效用变动时间率，等于消费的边际效用乘以资本的净边际产值 $[\partial Y(t)/\partial K(t) - \delta_K]$ 减纯社会时间偏好率（ρ）。假设是无风险的竞争市场，资本的净边际产值等于瞬时真实利率 $r(t)$，因此可将方程（6.2）归纳为：

$$r(t) = \partial\{u'[c(t)]\}/\partial t/u'[c(t)] + \rho = \alpha g(t) + \rho \qquad (6.3)$$

这里 $g(t)$ 是人均消费增长率。在稳定状态下，有稳定的人口以及人均消费不变的增长率，方程（6.3）就变成：

$$r^* = \alpha g^* + \rho \qquad (6.4)$$

这里，星号（*）代表稳定状态值。在方程（6.4）中，如果 $\rho = 0.03$，$g = 0.03$，而 $\alpha = 1$（可能反映当今情况的参数）的实际利率为 6%。但是，如果所有经济增长都停止而且增长贴现消除，那么，实际利率就要下降到 3%。理解的关键是，高的实际利率既可以由高时间偏好率引起，也可以由一个生活水平在提高的高边际效用弹性引起。

　　许多关于贴现未来适用性的讨论都忽略了物品贴现与效用贴现之间的差别。我们会强烈感觉到，贴现未来子孙后代的福祉是不合适的，这就意味着 ρ 应该低。但这并不一定意味着，成本—收益分析中采用的贴现率应该低，因为成本—收益分析中的贴现率一般指物品贴现率。如果社会极力反对不平等，这就意味着 α 是高的，那么，增长中的经济可能会出现低的时间贴现率和高的增长贴现率，从而导致商品的贴现率很高。

　　这种研究的方法是尽可能将参数锁定在实际的观察中，而且将其作为在下一节评价收益率的证据。我们已经构建了 DICE 模型，以便方程式（6.3）右边的参数限于与方程式（6.3）左边所示的观察到的市场收益一致。模型中基本参数决定了前几个时期的实际利率为每年 6% 左右，而随着人口和经济增长的速度放慢，未来这个比率将缓慢下降。在下一节，我们讨论这种方法的适用性。

资本收益的经验证据

　　在考虑从 DICE 模型这样的长期模型中使用适当的贴现率时，我们可以从三个不同的地方寻找经验证据。在每一种情况下，贴现率必须基于实际行为和投资回报，而不是基于社会应该如何表现的假设观点，或关于未来几代人待遇的理想化哲学。我们坚持依靠实际收益，因为用于温室气体减排的资金必定来自以牺牲消费或对其他资产的投资为代价。当一个社会从工厂、设备或人力资本的投入中撤出资金用于减缓气候变化时，将会失去这些投资的收益；为了确保气候投资增加社会福祉，我们必须确信，可供选择投资的收益并不比气候投资的收益高。如果投资于设备或人力资本的收益是每年 10%，那么，进行带来只有 3% 收益的减缓气候变化投资就是无效率的。

因此，适当的贴现率问题基本是一个经验问题。我们选择了一种在拉姆齐经济增长模型中作为基础的方法，但从这种方法中推导出来的贴现率是与资本收益的经济证据一致的。在这种讨论中，我们将说明估算投资收益率的三种可供选择的方法。

1. 第一种方法实际上遵循了 DICE 模型的方法：我们假设在劳动和资本的科布—道格拉斯函数中，采用了劳动和资本投入的估算，并从中得出资本回报率的估计值。结合资本收益估算、纯时间偏好率和收入的边际效用弹性，我们就可以解析模型并估算投资收益。根据这种方法可以得出，在 1960—1989 年间资产的收益平均为 6.3%（参看表 5.6）。

2. 一种可供选择的方法是研究资本在金融工具中的实际成本。这些收益或资本成本的衡量表明投资者在作出投资决策时所采用的价格。在竞争市场上，暂时不考虑税收，投资的收益就应该等于投资成本所产生的利润。

伊博森（Ibbotson）和布林森（Brinson，1987）提供了各种各样金融与有形资产的收益，而且表 6.6 列示了最重要的资产类别，包括美国和其他国家的股权、债券、不动产和农业土地的收益（均以美元计算，并根据消费价格通胀进行了校准）。此外，我

表 6.6　估算金融资产资金的收益或成本

资　　　产	时　　　期	真实收益
美　国		
股权 [a]	1925—1992	6.5
公司债券 [a]		
Aaa	1926—1983	0.5
＜ Baa	1926—1983	2.0
不动产 [a]	1960—1984	5.5
农业土地 [a]	1947—1984	5.5
消费贷款 [b]		
抵押贷款	1975—1988	4.8
信用卡	1975—1988	6.8
新汽车贷款	1975—1988	11.2
高收入工业国家 [a]		
股权	1960—1984	5.4
债券	1960—1984	1.6
主要借款人支付的实际利率	1980—1985	16.8
综合 [a]	1960—1984	10.7

说明：

a. 伊博森和布林森（1987），作者更新；

b. 美国联邦储备理事会公报显示，美国经济事务局公布的个人消费的平减指数有所上升；

c. 根据进口价格指数调整的名义利率，来自 UNDP（1992）。

们说明了在抵押贷款、汽车贷款和使用信用卡时，消费者面临的资本成本。

从金融资产回报率的数据中可以得出一些结论。第一，对于优质借款者，固定利率工具的实际回报率每年集中在 0—2% 之间。在其他股权类型资产中，资本的实际成本一般在 5%—6% 的范围内。对非优质借款者的实际资本成本显然高于优质借款者，消费借贷年利率在 5%—11% 之间，视资金来源而定，而风险国家支付的实际利率更高。还要注意，从分析的角度来看，资本成本的估算是复杂的，因为它们的税收待遇不同。股权类型资产和债券类资产的收益一般是税后收益，而且在这个领域内，税前收入一般达到两倍之高，例如公司部门，其总税率超过 50%。对某些消费贷款而言，特别是抵押贷款，资本成本在概念上是税前收益率，而对其他，例如 1986 年税收改革之后信用卡的利率，资本的成本是税后利率。

3. 最难以获得准确衡量的领域是投资的实际收益。表 6.7 显示了估算的大量重要资产的收益。第一个区域是公司资本收益，这是一个有较可靠数据的区域。公司资本的实际回报率往往因时间、空间和税收待遇的不同而存在很大差异。在美国战后时期，资本的税前收益（投资的社会收益）每年在 6%—12% 之间。表 6.7 中列示了资本平均收益的几个研究，在这个表里，这个时期的税前收益估算为每年 12% 左右，税后收益率是每年 6% 左右。西欧和日本的估算也很分散，但有一种接近美国的集中趋势。

第二种估算是对总资本而言的，它在概念上类似于刚刚讨论

表 6.7 直接投资的收益率

资产类型	时 期	收益率
所有私人资本, 美国 [a]		
税前	1963—1985	5.7
公司资本, 美国 [b]		
税后		
所有公司	1963—1985	5.7
大型企业	1963—1985	6.1
税前		
大型企业	1963—1985	12.3
人力资本 [c]		
美国	1980 年代	6—12
发展中国家	各时期	26
中等教育	各时期	16
高等教育	各时期	13
消费投资		
10 个研究 [d]	1976—1988	
中值		68.0
中位数		48.5
能源保护		
13 种研究 [d]	1978—1988	
中值		22.6
中位数		19.5
非居民资本存量, G-7 国家 [e]	1975—1990	15.1

说明:

a. 斯托克菲希(1982), 第 269 页;

b. 布雷纳德、夏皮罗与斯霍芬(1991);

c. 帕萨恰罗普洛斯(1985);

d. 杜宾(1992);

e. 联合国开发计划署(UNDP, 1992), 表 4.7, 这是衡量利润收入占重要资本成本的百分比, G-7 国家是: 美国、日本、法国、德国、英国、意大利和加拿大。

的结果，并包括了非公司部门。所有资本收益的估算值都接近于美国的公司部门的估算值。G-7 国家在 1975—1990 年期间的税前收益是 15%。

另一个极重要的领域是人力资本投资，特别是教育领域的投资。有很多关于人力资本收益的估算；发展中国家的估算说明，投资的实际收益在两位数范围之内，而高收入国家和地区的收益每年在 6%—12% 之间。另外两个领域的经验基础较窄，但也值得提一下。对能源节约和耐用消费品投资的收益往往显现出相对高的收益。这些部门的研究以投资收益的工程估算、对企业节能投资最低回报率的调查以及消费行为为基础。这里的估算显示了杜宾（Dubin，1992）概述的大量研究的中值与中位数；这些数据说明收益远高于公司部门资本的成本或收益，而且高于无风险债务成本的 10 倍。这些部门估算的收益提醒我们，许多企业和家庭的资产流动性受到限制，也因此有极高的投资回报率。

把这些不同的方法作为一个整体，看来第一种方法（模型的结果选用了总量数据和拉姆齐模型）或得出实际利率或对物品的贴现率，它合理地代表了资本对经济和直接投资的成本。而债券的收益低于这里使用的收益，债券收益代表一种特殊的不具代表性的资产，它有完全不同于传统投资或降低气候变化投资的风险特征。用较低的债券利率作为气候变化政策低贴现率的合理性，在理论上并没有得到证明，这将为接受低收益的公共投资打开大门，也可能会降低实际国民收入与未来消费。

可供选择的方法：林德

　　贴现问题在经济学中有长期的历史。这个领域的经典研究成果是罗伯特·林德（1982）所编的一本书，这本书提出了许多不同观点，并企图通过能源部门公共项目把它们综合起来。由于林德这一本书的内容被广泛引用，它对评价主要结论是有用的。林德概述了文献，并展开了这些文献的实证意义。

　　1. 在一个最好的世界中，没有扭曲，而且社会储蓄是由平衡现在与未来的利率适当决定的，所有私人与社会投资都应该用同样的贴现率，即私人回报率和私人实际利率。[1]

　　2. 当税收造成扭曲时，除非政府投资的风险特点不受影响，否则政府投资应该用适用于消费单位衡量的成本与收益流量的私人资产的税后收益（消费贴现率）。林德估算的实际收益率为每年4.6%。[2]

　　3. 关于风险的调整，问题在于举证责任。林德提出："除非对相反情况有相当多的证据，否则应该假定和公共项目相关的收益与整个经济的收益密切相关。"[3] 因此，除非有充分的理由证明收益与市场收益的相关性接近于零，否则不应该使用无风险贴现率。

　　4. 林德方法新奇而难以操作的部分是成本与收益的每个部分必须用不同支出流量的影子价格转化为消费当量。在 DICE 模型

---

[1]　林德（1982），第 27 页。

[2]　林德（1982），第 447 页。

[3]　林德（1982），第 77 页。

中，这一点没有扭曲，所有支出流量都有统一的影子价格，所以这种转化是直接的。在现实中，如果我用税后实际收益率，那么，流量的转化就必须考虑到它们对消费的影响。根据林德的理论和经验假设，如果成本或收益减少了消费，这些的影子价格就应该是 1.56，而任何投资减少的影子价格都是 3.8。根据一些研究表明，用这些影子价格，如果全球变暖的成本来自投资而收益计入消费中，那贴现率每年就为 4.6%，这就相当于 DICE 模型中每年 6.3% 的贴现率。

整体上说，林德的分析方法与这里所用的方法相同，但有两个例外。第一，难以使 DICE 模型适应于林德的分析，因为 DICE 模型假设，不存在扭曲。如果采用扭曲的税收，如果降低成本更有利于投资，那么使用税后收益将低估适当的折现率，而且计算的最优控制率也会过高。6% 的收益率假设是税后收益与税前收益之间的折中，可以最大程度地减少扭曲性征税带来的误差。第二，可能的情况是，林德估算的资本的收益（反映在假设的 4.6% 收益上）太低，因为它们只涉及美国国内的公司部门，而（正如表 6.6 和表 6.7 中所示）这个部门之外的资本成本和收益都可能相当高。

可供选择的方法：克莱因

第二个相关的研究是威廉·克莱因的研究。这项研究极力主张低贴现率，并在此基础上主张比现在更强有力的干预。[1] 将克莱因的论据和结果与此处介绍的相比较，会很有用。

克莱因从用类似于这里的和林德研究中展开的分析方法开始，依靠的是贴现率的效用基础的推导。但是由于他的经验丰富，他得出的贴现率较低。更确切地说，他主张对消费实行每年 1.5% 的实际贴现率。这一点与 DICE 模型中基点运算资本收益率（以及物品的贴现率）比较或者与林德研究中推导出的每年 4.6% 的贴现率相比可知，DICE 模型从每年 6% 左右开始，然后随着增长放慢而下降到 3% 左右。

克莱因把他的方法建立在两个不同的看法的基础之上。第一，他拒绝接受纯粹的社会时间偏好率，认为这在道德上是站不住脚的，特别是针对极长期的环境投资。他假定，"从社会的角度看（纯时间偏好率），这并不是进行代际比较的合理依据"。[2] 根据这个假设，只有增长贴现仍然是正的实际利率的来源。然后，他回顾了一些研究，得出结论，收入的边际效用弹性为 1.5 的效用函数就是那个合适的值。[3] 根据这两个看法，克莱因认为，物品的贴现率应该确定为每年 1.5%。

从哲学的角度看，这种看法对伦理学家可能是有吸引力的，但从经济的角度看，它完全是不现实的，因为它忽略了引起与市

[1] 参看克莱因（1992a）。
[2] 克莱因（1992a），第 249 页。
[3] 克莱因（1992a），第 249—255 页。

场定价不一致的困难。我们应该把克莱因的贴现率用于所有预测吗？或者只用于极长期的项目（诸如气候变暖、水力发电项目以及高速公路）？如果以民选官员代表的"社会"不同意克莱因呢？如果一些哲学家或民选官员认为，至少在以后几十年内，更高的贴现率是合适的，因为在低收入国家的投资收益非常高，我们应该如何行事？我们能不把这种推理运用于贴现率之外的其他领域吗？如果哲学家认为向富人或石油公司支付费用是不道德的和不可辩护的又该如何？这是否意味着我们在能源成本政策的成本收益计算中应使用每桶2美元，即使购买石油要花费我们10倍的成本呢？如果我们考虑这个问题的衍生结果，我们很快会看出，我们的决定是由于伦理的目标，而未考虑市场价格，这就会引起无数的困境和矛盾。

克莱因看法的第二部分是把消费贴现率等同于美国国债每年接近1%的无风险收益，他认为这是"消费贴现率最好的基准估算"（克莱因，1992，第258页）。这个定义看来与刚刚讨论的分析是一致的，正常的方法是把消费贴现率等同于私人投资的税后收益（参看上一节以及在林德（1982）的研究中林德、K.阿罗、J.施蒂格勒和其他人的讨论）。克莱因看法的缺陷是，美国国债利率是无风险利率，它远远低于消费者面对的实际利率（参看表6.6与表6.7）。此外，克莱因没有提出任何数量上的论据来说明对减缓全球变暖投资的风险低于平均风险，因此，用无风险利率是双重麻烦。[1] 因此，克莱因的经验估算几乎与刚刚讨论过的他的哲学立场相符合，无论是消费者的资本成本还是企业与私人资产的收益率，一般都远远高于克莱因选择的水平。

因此，无论从理论的还是经验的角度，克莱因的极低贴现率的看法都得不到支持，而且是不现实的。

敏感度运算

在回顾了可供选择的方法以后，我们可以得出结论，这里用的方法，即 DICE 模型以实际市场收益为基础的方法，看来最可能得出内在一致又对实际政策有用的结果。在这一节，我们考察了贴现可供选择的规定的含义。在这样做时，我们分析了可供选择的时间偏好率（ρ）的影响，它要受到所引起的隐含的市场利率应该等于所观察到的收益率的限制。

准确的运算涉及为降低 ρ 改变方程（6.3）右边的其他参数，而让历史时期（1960—1989 年）的实际利率保持不变。增长率参

---

[1]　应该注意的一点是，用私人部门资本的收益率或成本是不合适的，因为那种收益率（即这里提出的每年 6%）包括了极大的风险贴水。这个问题引起的难以回答的股权贴水问题，可以认为是股权要求的收益太高，以至于无法用股权收益与消费之间的观察到的共变性来解释。对股票高风险贴水的一个解释是，相对风险厌恶率高于通常的预期。例如，格罗斯曼（Grossman）和席勒（Shiller，1981）发现，消费边际效用弹性（a）为 4 与消费和股权收益的共变性是一致的。值得注意的是，如果我们接受高股权贴水及所引起的消费边际效用的高隐含弹性，那么，用克莱因的推理，增长贴现率也会比他的建议高得多。例如，如果股权贴水是由于收入的边际效用弹性为 4 引起的，那么，克莱因的推理就应该引起每年 6% 的物品贴现率。

数 $g(t)$ 由技术和投入的增长决定，并不能随意地变化。但弹性系数（α）可以根据补偿 ρ 的变动而调整，而让实际收益 $r(t)$ 不变。实际上，我们可以通过假设社会偏向于未来子孙后代（在高时间贴现率或高 ρ 中看到的）或者假设社会高度厌恶不平等及倾向于当前这一代人（因为这是贫穷的一代），来证明所观察到的市场收益率是合理的 $\alpha g(t)$。但是，如果我们想根据观察到的现有收益形式来校准模型，我们就不能在没有补偿性增加 $\alpha g(t)$ 的前提下来降低 ρ。

再用另一个方法来提出这一点，如果我武断地决定降低模型中的时间偏好率，这就会引起相当高的投资与储蓄率，因为我们实际上决定不考虑未来更多的环境与再生产资本。随着更高水平储蓄和投资出现，资本的实际收益和物品的贴现率将下降。问题在于，假设贴现率较低，就意味着储蓄率将高于基点情况，也高于在实际经济中所观察到的。但如果我们在效用弹性中进行补偿性调整，储蓄率就不变，而且敏感度运算也会遵循历史时期的实际数据。

为了检验构成以上方程式（6.3）所示基础关系的不同规定的重要性，我们用低与极低的时间贴现率作了两次可供选择的敏感度运算。在低的情况下，我们用每年 1% 的时间贴现率，而在极低的情况下，我们用每年 0.1% 的时间贴现率。[1] 在这两种情况下，

---

[1]　我们选择的非常低的值本质上是零，而不是零，因为后者无法在最优增长框架中正确计算或找到近似值。

我们调整了再分配参数，以保持接近于历史时期每年 6% 的实际利率。这就要求在纯时间偏好率每下降 2 个百分点时将再分配参数增加 1 个百分点。因此，对两个敏感度运算 α 的值分别是 2% 和 2.5%。

在表 6.5 的最后一行中显示了这些运算的结果。再分配参数的增加使得与早期新运算和基点运算之间的实际利率与储蓄率一致。但此后很快，随着增长率下降，储蓄率上升和实际利率下降引起实际利率增长的贴现部分急剧下降。因此，温室气体控制率和碳税在较低的贴现率运算时都比基点运算时高，尽管这种增长小于贴现率的变化，但没有对再分配参数进行补偿（对比表 6.4 与表 6.5）。

总之，贴现率问题是一个涉及对时间和代际平等价值判断的复杂问题。显著的低效用贴现率不可能被排除，但为了使它与实际利率和储蓄率现有的参数一致，就要求效用函数的改变，要求有比基点情况假设的更为平等的规定。考虑到这两个参数，如果未来经济增长减缓，极低的贴现率就会给气候变化政策带来更多限制，但如果将贴现问题从整个增长模型的背景中剔除，那么变化将会小得多。对那些提出低贴现率的人来说，主要的挑战是如何将他们提出的环境资本的低贴现率与所观察到的高收益相协调，从而隐含且高度地显示出对工厂、设备和教育这类环境物品的贴现率。

第7章 |

正式的敏感度分析：气候变化中不确定性的估算

方法概述

上一章分析了 DICE 模型对可供选择的参数和规定的敏感度，在这一章中，我们转向对与主要变量未来预测相关的整个不确定性的系统分析。本章的计划如下。第一节列出了本章的研究方法。第二节说明了八个主要不确定性变量的概率分布的推导。然后我们转向关于未来气候变化不确定性的蒙特卡罗研究；这一节包括了主要变量（产出、温室气体排放和浓度以及温度）整体不确定性的分布估算，以及在不确定情况下最优政策分布的估算。在最后一节，我们描述了如何将不确定性分析所隐含的多种世界状态，简化为下一章决策分析和世界变暖的风险贴水计算中使用的五种具有代表性的情景或世界状态。

为了理解结果的整个范围和政策对全球变暖威胁的反应，我们需要评估包括构成过程基础的许多因素不完全了解的事实。社会科学家开发了各种各样把不确定性结合到数学模型编制中的工具，而且这些工具有助于限制潜在的未来结果。[1] 尽管不确定性对确定政策至关重要，但用于确定未来轨迹或影响的不确定性的正式技术很少应用于重大政策问题。[2]

　　这里的研究遵循了决策和不确定性分析的传统，但增加了开发世界少数国家在最优化研究中使用的新方法。在这一章和下一章构建的方法依据风险分析这门新兴学科的最新发展。它发展了一种把主观概率结合进称为"代表性方程分析"的大系统中的方法。这种技术允许把极大量潜在结果加总到一个目的是设计最优控制线路的可控数字中。

　　方法论分析的说明如下，我们可以用以下一组方程式来代表 DICE 模型：

$$Y_t = F(X_{t-\tau}; \beta_I \beta_{II}) \tag{7.1}$$

这里，Y_t 是内生变量与政策变量的向量（例如，产出、温室气

---

[1]　参看摩根（Morgan）和亨里翁（Henrion, 1990）在数量风险和政策分析中关于分析工具的最新概述。

[2]　系统运用统计技术一个显著而有争议的例子是拉斯穆森（Rasmussen）报告（核管制委员会，1975），这份报告评估了不同严重程度的商业核电站的事故风险。一个示范性的研究是用臭氧消耗的概率分布（NAS, 1979）。与本书密切相关的一项研究发展了诺德豪斯与约赫（1983）著作中关于二氧化碳排放的不确定性分布的研究。一些与风险有至关重要关系的公共政策领域也显然缺乏不确定性的系统分析。例如，根据《清洁空气法》（the Clean Air Act），国家主要环境空气质量标准将被设定为"保护公众健康"，允许"足够的安全边际"。这种语言上呼吁对不确定进行全面分析，但自原先的法案颁布以来，已有 25 年没有进行过这种分析。

体浓度、全球中值温度以及温室气体控制率）；$X_{t-\tau}$ 是现在与滞后的外生变量（例如，时间或温室气体外生影响）对滞后 $\tau = 0$，1，…的向量。此外，$\boldsymbol{\beta}_I$ 是将在这一章认真考察的一组八个重要不确定参数；而 $\boldsymbol{\beta}_{II}$ 是保留的一组不确定参数，我们在上一章中考察过了，但从这一章的不确定分析中略去了。

F 是隐含函数的映射或向量，它代表从增强的拉姆赛模型得出的离散欧拉方程式。**F** 映射并不能直接计算，而是通过作出一次模型运算以得出映射的某些点。实际上，对不确定分析的主要困难正是因为 **F** 中的映射不能直接观察到。

这个研究的第一部分进行了推导最佳猜测参数的工作（$\boldsymbol{\beta}^{50}$，它代表参数分布的第 50 个百分点）和运算，以得出这些最佳猜测参数的 Y_t 的估计值。在前一章中，我们进行了采用以下形式的敏感度分析：对每一个模型参数，我们通过对第 90 个百分点的主观分布 $\boldsymbol{\beta}^{90}$ 进行风险猜测以构建一个敏感度运算。然后我们通过计算在最佳猜测与可供选择的参数值之间差别的主要目标变量的影响，来计算敏感度的一个指数，如下所示：

$$\Delta_i = \mathbf{F}(\mathbf{X}_{t-\tau}; \boldsymbol{\beta}^{50}+\boldsymbol{\delta}_i) - \mathbf{F}(\mathbf{X}_{t-\tau}; \boldsymbol{\beta}^{50}) \qquad (7.2)$$

这里，Δ_i 是第 i 项参数变动对目标变量的影响，$\boldsymbol{\beta}$ 是（$\boldsymbol{\beta}_I\boldsymbol{\beta}_{II}$）的结合向量，而 $\boldsymbol{\delta}_i$ 是变量第 90 个百分点与变量第 50 个百分点之间的差别（除了第 i 项参数等于零）。在前一章，方程（7.2）中敏感度指数是按顺序排列的，并将敏感度指数最大的变量分离出来进行深入考察；这些更为重要的参数组成了集合 $\boldsymbol{\beta}_I$。

分析的下一阶段是在下一节中完成的，要对 $\boldsymbol{\beta}_I$ 组中每一个成分的主观概率分布进行更认真的分析。之后，我们对结果进行蒙特卡罗分析。在蒙特卡罗分析阶段，$\boldsymbol{\beta}_I$ 组参数中的八个变量都要被分解成有五个五分位数的离散分布；这就得出了八个可能结果的五倍数，或者大约 40 万个结果的组合。

在进行蒙特卡罗估算时，实际用的技术是类似于有替代的拉丁超立方抽样的变形。根据这种技术，我们把每个不确定变量分为五个五分之一层，并取每一层中不确定参数的条件中值。这里所用的方法不同于传统的拉丁超立方抽样，因为样本是有替代的；而且因为我们采用变量的条件中值而不是中点，由于变量并不是统一分布的。[1]

通过有替代的样本就可以从八个不确定变量的分析中来推导蒙特卡罗的运算。这产生一个样本，通常从 200 到 500，取决于实验，具体如下：

$$\mathbf{f}\big[\,\mathbf{Y}_t(\boldsymbol{\beta}_I)\,\big] = \mathbf{f}\big[\,\mathbf{Y}_t = \mathbf{F}\big(\mathbf{X}_{t-\tau};\ \beta_I\boldsymbol{\beta}_{II}\big)\,\big] \qquad （7.3）$$

这里，$\mathbf{f}$ 是 $\mathbf{Y}$ 变量的点分布，β_I 是从 $\boldsymbol{\beta}_I$ 变量分布中得出的具体样本。在方程式（7.3）中说明了样本结果的分布，然后提供了一个未来经济、环境和政策变量的不确定性估算。

---

[1] 这些技术在摩根和亨里翁（1990）的研究中有很好的描述。我们用替换抽样来简化计算，因为相对于总体而言，这样小的抽样在不替换抽样的情况下，效率几乎没有提高。

分析的下一步要求通过生成可用于优化和政策变量的代表性方案来在风险分析中开辟新天地。在下一章中，我们将分析信息的价值，产生于不确定性的风险或保险费用，以及限制条件对解决不确定性的影响。为了完成这些任务，我们需要把我们的分析限制在少数可能的情况下，以说明未来的气候变化。由于维数的作用而产生了必要的限制：在不确定状态下求解 DICE 模型以获得最优策略的难度，在世界各国（SOW）中呈指数增长。在 PC 上为五个 SOW 编程 DICE 模型相当简单，从 1993 年夏季开始，在顶级 PC 上的解决方案需要 30 分钟。显而易见，即使是解决 40 万 SOW 中的几十个也需要超级电脑。

因此，任务就是要把大量的 SOW 分为少量，确保减少的 SOW 组准确地代表结果的范围。因此我们需要开发一种把大量可能结果分解为可控的方案数字的技术，这些数字也可以代表可能结果的全部范围。为了这个目的，我们开发了一个称为产生代表性方案的程序。[1]

这里给出产生代表性方案的简单说明，完整的说明留在本章最后一节。我们首先考虑方程式（7.3）生成的 40 万个 SOW 的全部范围（我们称完全的一组结果为"完全族群 SOW"）。下面我们抽取 500 个 SOW 的样本，从中可以确定轨迹的特征；我们称这为"样本 SOW"。从基本经济学角度，我们知道，样本 SOW 中所有

---

[1]　用控制论的语言描述，这种技术依靠了闭合回线敏感度衡量和最优控制设计的蒙特卡罗技术（参看摩根和亨里翁，1990，第 192—198 页）。

变量的分布与完全群 SOW 是相同的。

但我们需要减少 SOW 的数量，以及计算限制建议在 DICE 模型中最多使用五个 SOW。我们从抽取样本 SOW，并根据气候变化的经济影响及所引起的气候变化的严重性对国家进行排序开始。更确切地说，分段是根据第一时期温室气体控制的严格程度并按结果的顺序构建的。然后我们按照该顺序把 SOW 集中成五个群。这些组的构建使得五个典型的 SOW 包含 2%、8%、15% 和 50%的样本 SOW，这些样本 SOW 是从温室气体控制的最严到最不严的顺序排列的。选择这些百分比是为了确保极端的结果（有高控制率的结果）得到很好的表示，而只有适度温室气体控制要求的一半样本被汇总到一个简单的 SOW 中。

然后我们正式从不确定变量引起的整体 SOW（$S_{\text{Full population}} = 5^8$）开始。我们通过从不确定变量中抽取样本构建样本 SOW（$S_{\text{Sample}} = 500$），然后，根据温室气体控制措施的严格程度对样本 SOW 进行排序，将样本 SOW 分解为五个有代表性方案（$S_{\text{Representative}} = 5$）。这一章将展开这种方法的细节并提出主要结果。

主要不确定变量分布的推导

主要不确定变量的选择

上一章说明了 DICE 模型对个别参数或某个部门不确定性的敏感度。现在我们转向评估经济增长、气候变化和经济政策的

整体不确定性。为了考察整体不确定性，我们必须考察不确定变
量的节点分布。这样做的一种方法是简单地把上一章考察的不确
定性结合起来。这就引起了一些分析和技术上的反对意见，其中
最关键的是对不确定变量的分布的估算极为困难。[1]

我们决定集中在最重要的不确定变量的子集上，从而我们
可以把更多的注意力放在模型不确定变量的分布上，这就允许我
们选择本章分析中最重要的不确定变量。上一章的目的是帮助
筛选模型中的所有变量，这里的方法是开发对每一个不确定变量
的主观概率估算，然后用从不确定变量中随机抽取的方法来作出
预测。

作为第一阶段和最后一章所述探索阶段的结果，我们按它们
对整个不确定性重要性的顺序选出了 8 个不确定变量包括在蒙特
卡罗阶段中。

δ_L：人口增长率下降；

δ_A：生产力增长率下降；

ρ：纯社会时间偏好率；

g_σ：温室气体—产出比率下降率；

θ_1：危害函数的截距；

λ：气候—温室气体敏感度系数；

b_1：边际成本函数截距；

---

[1] 这种方法是诺德豪斯和约赫（1983）以及埃德蒙兹（Edmonds）等人的研究（1986）
所遵循的。

β：大气中二氧化碳存留率。

正如上一章中所提到的，这个清单遵循了探索阶段的结果，并有两个例外。第一，我们用了代表气候危害和缓解成本函数的不确定性的截距，因为截距更容易与现有的研究相关。此外，我们只选择了一个参数来代表与人口和生产率提高参数族（参看上一章关于选择的讨论）。

对现有程序的一个关注是它略去了大量重要的变量，从而会低估总的不确定性。为了获得将分析局限于八个不确定变量可能会在多大程度上偏离对整体不确定性的估计，我们将所有变量的不确定性指标与将估计局限于八个重要变量的指标进行了比较。考量表 6.2 中不确定性系数的总清单，我们就可以计算所有变量（假设是独立的）总和的标准差。上面列表中包含的八个变量的标准偏差为整个变量列表标准差的 73%。但如果我们认为所包含的变量是密切相关的变量的代表（因此假设人口下降系数是所有人口变量的代表，诸如此类），那么，八个变量就包括了所有不确定变量标准差的 99%。

换个说法，虽然由于它包括了人口增长、生产率增长或其他8 个主要类型变量不确定性的不合适规定，上一章的结果表明遗漏的变量种类（例如，全球温度的初始值或温室气体浓度，资本折旧率或者消费边际效用的弹性），不太可能导致对主要目标变量不确定性程度的显著低估。

虽然通过将不确定因素减少到 8 个变量，总体的不确定因素被低估了，但是关于环境变量的一些不确定因素可能被大大低估了。由于因为省略了气候系统的几个参数，所以通过将分析限制在八个变量上，这些变量的标准差被低估了约25%。

最后一个问题涉及不确定变量之间的潜在关系。随后的模拟基于以下假设：变量在统计上是独立的。对于许多变量，由于不确定性的来源，相关的可能性很小。例如，科学参数（如温度—二氧化碳敏感度或碳循环）不确定性根据的来源是与构成经济变量不确定性的基础是无关的。此外，我们力图具体说明不确定，以使它们无论在哪里都有正交的可能性。因此，危害函数的不确定性（与海平面上升的速度或农业适应的速度有关）是建立在与缓解成本的不确定性完全无关的领域（更多地与能源部门供求弹性有关）。一个领域可能存在生产率与人口增长之间的某种关系，即使在这里，这种关系也是既复杂又有争议的。这个领域唯一认真考察了非独立性影响的研究（埃德蒙兹等人，1986）发现，不确定变量之间的协方差对不确定性只有一个适度的影响。另一方面，正如不久便会显现出来的，根据不确定变量估算变量是极具困难的，协方差估计的置信度必须更低。

在开始进入不确定性研究之前，必须重复的是，这是在很大程度上未知的领域，充满了主观性，极为缺乏公认的方法，很少有精确的数据可以从中得出有用的估算，而且也没有一种容易的方法评估我们估算的潜在失误。以此谨告读者。

不确定变量的推导

由于基本数据的性质，不确定变量分析的推导变动相当大。变量属于三个一般范畴。（1）有广泛历史但也在演变的变量，这一类包括人口增长和生产率提高；对这种变量我们有几十年的历史数据，但对其结构的了解还不够充分，无法对未来的价值进行安全预测。（2）下一个是科学关系，它一直不变，但由于不能做适当的试验，它的值是不确定的；这包括如碳循环和温度—温室气体参数这样的重要关系。（3）最后是现在演变又缺乏充分历史数据的关系，从而它对估算不确定值的分布造成了最严重的问题。这一类包括关键的温室气体缓解成本函数和气候危害函数。

决定未来不确定变量分布的技术有时比这个层级的高深科学更像精美的艺术。不确定范围历史的研究——无论这些是科学的恒值、个别事件的估算，还是抽样预测——都说明，预测者对他的预测一般表现出过度的信心。这种情况的产生既是因为需要在思想市场上出售他们的研究，或者也因为我们单纯地忘记了有多少使事情走向错误的方法。甚至像衡量物理恒值试验误差这样精确的问题似乎也被低估了。亨里翁和费绍夫（Fischoff, 1986）的研究发现，自 1870 年以来，只有不到一半的光速估值在 1984 年测量值的标准差之内。同样，希利亚克特（Shlyakhter）和卡门（1992a、b）考察了根据基本物理粒子数据中不可预期事件的概率，并发现早期估计的粒子数据中有 5% 超过了均值估计的标准误差，而对于常规变量，这种大偏差的数量应该为 0.5%。同样的结果在能源和人口预期中也可以发现。[1] 现在的研究还没有发现确定未来价值适当分配的神奇公式；而过去的研究提醒我们仍然要警惕过分信任的偏好和风险，从而作出调整。

在不确定运算中，我们对每个变量采用了离散分布；在这种分布中，变量采用五个可供选择的值，每个都有 20% 的概率。解释是，每个单元格的值是该变量分布的五分位数的中值。[2] 对于正常变量，五分位数代表分布中的第 12、32、50、68 和 88 百分位数。此外，对于正态分布变量，五分位数也可以计算为中值加上 −1.4、−0.53、0.0、+0.53 和 +1.4 的正态标准误差（由于正态分布的不对称性，它们并不集中在五位数上）。我们有时也指"五分位数范围"，它是从上到下的五分之一或第 10 与第 90 百分位数之间的范围。

温室气体（GHG）的温度敏感度系数（$T_{2\times CO_2}$）

DICE 模型中所用的方程式是从小型气候模型所用的规律中推导出来的，然后根据两个较大型的一般循环模型进行校准；方程式也用 20 世纪全球中值温度的历史数据计算（参看第 3 章关于模

---

[1] 参看摩根和亨里翁（1990），希利亚克特和卡门（1992a），以及希利亚克特、布罗伊多（Broido）和卡门（1992）。

[2] 更确切地说，假设一个参数 β 有累积的概率分布 $F(\beta)\,d\beta$。对一个统一的分布，β 的值就仅仅是中点。更普遍地说，我们把分布分为五份。对第一个五分之一，β 的值是从 $F(\beta)=0$ 到 $F(\beta)=0.2$ 范围中的中值。因此，第 i 个五分之一的值可以计算为 $\beta_1 = 5\int_0^{\beta}\beta F'(\beta)\,d\beta$，$\beta_2 = 5\int_\beta \beta F'(\beta)\,d\beta$，等等，这里 β_1 是第 i 个五分之一的值。

型和参数推导的讨论）。在模型之间以及模型与历史数据之间都存在显著的不一致，尽管如果存在与温室气体信号缓慢移动的趋势变量，则使用历史数据的统计估算可能是有偏差的。

第一次对温室气体温度敏感性系数值的概率评估可以追溯到 10 年前的查尼（Charney）报告。这份报告写道：

> 我们估算，最可能的全球变暖情况是，二氧化碳浓度增加一倍，温度上升接近 3℃，有可能的误差为 ±1.5 ℃。我们的估算主要根据我们对一系列用全球大气循环的三维模型估算的评论。[1]

在查尼报告中，对"可能的误差"这个词的含义解释得并不清楚，一些人把"可能的误差"解释为一个标准差加和减（这是自然科学家的习惯）或者两个标准差（在 95% 的置信区间内）。这个范围是国家研究委员会报告所认可的，[2] 在 1992 年的报告中，该范围扩大到 1 ℃至 5 ℃，均衡二氧化碳当量倍增，尽管到了 1992 年已删除了概率解释。[3]IPCC 报告提供了一个概述，在这个概述

---

[1] 参看国家研究委员会（1979），第 2 页。

[2] 国家研究委员会（1983），第 276 页。

[3] NAS（1992）。根据 1992 年报告的影响小组主席乔治·卡里（George Carrier）的说法，1 ℃到 5 ℃是一个"合理的范围"，但这是一个"没有概率解释"的看法（个人交流）。

中温室气体—温度敏感度系数在 1.9 ℃到 5.2 ℃之间；但 IPCC 的
结论是"根据当前的知识，2.5 ℃的值可以作为'最好猜测'"，而
且它进一步说明，根据实际历史记录，系数"不可能在 1.5 ℃到
4.5 ℃范围之外"。[1]

基于这种研究进行的分析，我们可以根据解释得出，1.5 ℃到
4.5 ℃不确定范围应该解释为一种中心估算减和加两个标准差，对
正态分布的变量而言，这是一个保守的 95% 的置信区间。这就意
味着温度敏感度系数的标准差为 0.75 ℃。考虑到过分信任，并反
映模型结果的广阔范围，我们允许五分位极值位于常规范围的最
高值与最低值之间。这就把标准差增加到 1.06 ℃，这与诺德豪斯
和约赫（1983）提出的调整和本章之后的讨论一致。根据这种解
释，1.5 ℃到 4.5 ℃代表均衡温度—浓度影响分布的第 8 个到第 92
个五分之一范围。

温室气体大气存留率（β）

对边际大气存留率（β）的估算主要来自构成 DICE 模型基础
的统计估算，这在第 3 章中已经提出了。我们估算二氧化碳排放
和浓度模型的估算用如下（3.5）中已说明的方程式：

$$M(t)=[1-(1/\tau^M)]M(t-1)+\beta E(t-1)$$

这里，$M(t)$ 是二氧化碳浓度与其工业化前均衡的背离，$E(t)$

---

[1] IPCC（1990），第 139 页。

是大气中二氧化碳排放，τ^M 是深海中二氧化碳周转的时间，而 β 是边际大气存留率。回想一下，这段时期是从 1860 年到 1989 年。估算的系数是 0.64，标准差为 0.015。但是，该系数对估算的时间周期很敏感，用递归最小二乘法估计 β 的时间周期为 0.55。

在诺德豪斯和约赫（1983）的研究中提出了不确定性可供选择的估算。该研究中，根据不同模型的考察和美国国家科学院二氧化碳评估委员会成员的讨论，β 的上下限范围确定为 0.10。

由于可能的饱和效应和其他非线性，我们假设，从递归最小二乘法估算的范围比 β 的样本标准差提供了更好的不确定性估算。因此，我们取 β 的判断标准差为 0.10。这就得出 0.14 的五分位数范围。

温室气体—产出比率下降率（g_σ）

不受控制的温室气体与世界产出的比率增长率 g_σ，是一个重要但普遍忽视的不确定性因素之一。为 DICE 模型准备的数据表明，在不同国家和不同时期，二氧化碳—GNP 比率的趋势有重大差别（参看第 4 章）。而且，不同的能源模型对该参数的处理方式是不同的。

先进工业国家的发展趋势表明，在过去 60 年里，二氧化碳与国民生产总值的比率总体上呈下降趋势，在不同的时期，每年的下降率从 0.9% 到 1.8% 不等。然而，低收入国家和中央计划国家在战后时期表现出二氧化碳与国民生产总值的比率上升的趋势。另一种方法是把专家的调查作为不确定性系数。1991 年国际能源研讨会的预测调查显示，1990 年至 2020 年期间二氧化碳与国民生产总值的比率的年增长率为两个标准差范围 0.6%。埃德蒙兹等（1986）用了一个更为相关的参数——外生终点使用能源效率——它们估计以每年 1.3% 的速度发生，标准差每年为 0.7%。

各种各样的结果说明，g_σ 中每年接近 2.5% 的五分位数的范围，看来与历史数据一致，但实际在不同模型结果和埃德蒙兹等的研究中有差别。这个假设给出了在未来一些年二氧化碳—产出比率没有改善的可能概率为五分之一。

人口增长（δ_L）

无论人口增长还是生产率提高，我们都采用诺德豪斯和约赫（1983）提出的不确定性范围。这些范围是为 1983 年美国国家研究委员会（National Research Council）关于"二氧化碳问题"的研究而开发的，经过委员会和美国科学院的仔细审查，而且在以后的研究中也没有被取代。方法如以下所述——

（一个主要问题）产生于需要估算关键参数或变量的不确定性。我们开始的假设是，将已发表的研究结果的离散度视为研究变量潜在不确定性的反映……（一些）验证试验表明我们的结果在合理的范围内，即它们在可以根据历史经验用其他方法归纳出来的不确定性的合理界限之内。[1]

这一方法建议将不同模型或科学研究结果的差异视为研究变量潜在不确定性的反映。看法或研究结果的差别往往衡量在某个时间点上科学分歧的程度。有些偏见可能会扩大或缩小专家意见的范围，但这种衡量容易复制并可以与更主观的衡量对比。

对这个和以下变量，我们用诺德豪斯和约赫（1983）研究中的高值与低值提供了一个估算范围。根据研究，高与低之间的差异（"高—低范围"）非常接近于我们标记的五分位数的范围。诺德豪斯和约赫估算 1965—2012 年人口增长率的高低幅度为每年 2.1%。其他时期高低范围的估算略有不同，但在以下用这个值。

埃德蒙兹等的研究（1986）采用的方法论类似于诺德豪斯和约赫的研究方法，并根据已出版的估算和专家访问提出了大量变量不确定性的估算。他们对人口增长不确定性的估算也十分接近于诺德豪斯和约赫研究的发现。

表 7.1 说明了这些假设的结果，它显示所研究的八个参数在主观概率分布五个五分位数中的参数值，以及每个变量值的中值与标准差。请注意，在每种情况中，我们都将预期限于等于中值或最佳猜测情况。

---

[1]　诺德豪斯和约赫（1983），第 90 页。

表 7.1　主要不确定性参数的分布

参　数	预期值	标准差	五分位数的参数值				
			1	2	3	4	5
人口增长率下降	0.190	0.106	0.027	0.127	0.195	0.268	0.331
生产力增长率下降	0.112	0.077	0.020	0.051	0.110	0.138	0.243
温室气体存留率	0.640	0.095	0.500	0.587	0.640	0.693	0.780
气候反馈系数	1.624	0.667	0.933	1.120	1.400	1.867	2.800
气候敏感度 [a]	2.929	1.036	4.394	3.661	2.929	2.196	1.464
时间偏好	0.030	0.014	0.010	0.020	0.030	0.040	0.050
温室气体—产出比率	−0.117	0.076	−0.011	−0.063	−0.117	−0.162	−0.231
缓解成本	0.069	0.038	0.027	0.034	0.069	0.080	0.133
气候危害	0.013	0.011	0.000	0.004	0.013	0.016	0.032

说明：

a. 二氧化碳加倍引起的温度增加。

生产力增长（δ_A）

生产力增长估算遵循了与人口增长估算同样的方法。诺德豪斯和约赫（1983）估计的生产力增长率在前 4 个衰退期为每年 1.3%，而现在的研究为 1.1%（参看表 2.1）。

诺德豪斯和约赫的概述确定，在 1965—2012 年期间下降率的高低范围为每年 1.9%。虽然这种范围估算值低于其他子时期，但与较长期的估算相比，该早期子时段的研究基础更多。埃德蒙兹等的研究（1986）也得出了未来生产力增长的估算值。他们的生产力增长率的主观标准差在发达国家是每年 1.0%，在发展中国家是每年 1.6%，而诺德豪斯和约赫对全球经济的长期估算为每年 0.7%。

对现期的预测，我们把每年 2% 的估算值作为生产率增长率下降幅度的五分位数。这种估算略高于反映了埃德蒙兹等（1986）研究结果的诺德豪斯—约赫的估算值。对于生产力增长减速的最低五分位数，这意味着当前的年均 1.1% 的全要素生产力增长率在接下来的两个世纪中几乎不会下降，而对于结果最高的五分位数，目前的生产力增长率被假定为每 30 年下降一半。

温室气体缓解成本函数

有大量减少温室气体成本的估算，特别是对二氧化碳而言，参看 EPA（1990）、诺德豪斯（1991a）、迪恩（Dean）和霍勒（Hoeller，1992）、阿玛诺（Amano，1993）、欧洲共同体（以后 EC）委员会（1992a、1992b），以及 EMF-12、加斯金斯和威恩特（Weyant，1993）和 NAS（1992）综合中提出的大量概述。在成本函数的特点描述中，回想一下模型中使用的方程最终形式：

$$TC(t)=Q(t)b_1\mu(t)^{b_2} \qquad\qquad (7.4)$$

这里，$\mu(t)$ 是排放控制率，$TC(t)$ 是减排的总成本，$Q(t)$ 是产出，b_1 和 b_2 代表成本函数的截距和指数。在不确定性分析中，我们只考察截距，因为估算各种指数值是困难的。

通过比较不同模型中的成本函数可以看出估算的范围。在诺德豪斯（1991a）的概述中，高成本研究的成本是最佳猜测的两倍，而低成本研究的成本为最佳猜测的 40% 左右。克莱因的概述说明，5% 的减排率范围是 GNP 的 0.8% 到 4.2%。[1] 对于高达 50% 的减排率，经济合作与发展组织（OECD）对四种模型的调查显示，从高到低，美国大约是两倍，中国大约是四倍。[2]

与此相比，EMF-12 的研究显示，8 种主要模式在二氧化碳减排成本方面的差异非常小。以 2010 年为例，考察一个成本占产出 1% 的有效政策所能带来的平均减少的百分比。减排的中值估算是 32%，而减排中值估算的标准差是 3.8%。（比较起来，在 DICE 模型中，如果全球产出减少 1%，二氧化碳排放量预计将减少 42%。差别主要在于 DICE 模型估算抓住的是长期影响，而 EMF-12 估算的是 2010 年的短期成本）

从概述中抽出概率范围对气候模型引起了同样问题。在这里我们假设成本估算表示从真实分布中独立得出的部分，就可以运用诺德豪斯和约赫（1983）研究中所用的方法。对均匀分布，观察值的范围是 4 到 10 个观测值的标准偏差的二到二分之一和三倍之间，而最高和最低五分位数之间的范围是 2.8 标准差。这表明，从高到低四分之一的范围与模型比较是一致的。然后我们调整范围到 5 倍以纠正低估不确定性程度的倾向。这些假设引起表 7.1 中所显示的分布。

---

[1] 克莱因（1992a），第 184 页。

[2] 霍勒、迪恩和哈雅弗米（Hayafumi, 1992），图 2。

气候危害函数

回想一下下方给出的全球温度增加与收入减少之间关系的方程式：

$$d(t)=Q(t)\theta_1 T(t)^{\theta_2} \qquad (7.5)$$

这里，$d(t)$ 是全球产出的损失，$Q(t)$ 是产出，θ_1 是代表危害范围的截距，θ_2 是代表危害函数中非线性的指数。由于和上一章中缓解函数同样的原因，我们根据函数的截距 θ_1 把危害函数的不确定性参数化。

与模型的其他部分比较，对气候变化损害的不确定性进行评估的研究较少。一个早期的性质讨论包含在谢林（1983）的研究中，而且 EPA（1989）的研究也作了大量总结。诺德豪斯（1991c）把这些研究放入国民收入核算的范围内，并得出结论：包括非市场因素在内，对二氧化碳加倍造成的损失的最佳猜测是美国国民收入的 1% 左右，判断性标准误差为一个百分点。克莱因（1992a）对美国进行了类似的估算，估算 2.5 ℃ 的升温将导致约 1.1% 的 GDP 损失，并使用 2% 的替代值进行敏感性分析。范克豪泽（1993）最近未发表的一项研究估计，二氧化碳加倍引起的总影响，将导致美国损失 1.3% 的成本，经合组织损失的成本是 1.4%，全球损失的成本是 1.5%。对于更大程度的变暖，诺德豪斯（1991c）估计损失函数是二次函数，而克莱因假设损失函数的指数为 1.22。因此，对极长期变暖，克莱因估计，在变暖 10 ℃

的情况下使用上述损失函数约占 GDP 的 6.1%，略低于诺德豪斯
（1991c）的隐含估计，占 GDP 的 10%。

由于刚刚提到的三个概述主要依靠同样一组基本研究，并看不
出用诺德豪斯—约赫的研究方法决定气候危害的不确定性有一个可
靠基础。为了填补空白，诺德豪斯对专家关于气候变化对经济的影
响进行了概述。对这一部分，我们将采用概述的结果，并在表 7.2
中加以说明。

我们从有助于确定不确定性范围的概述中得出了许多观点。

表 7.2　专家概述中的气候变化估算的影响

方　案	气候变化的损失（占世界产出的百分比）			灾难性损失的概率[a]（百分比）
	第 10 个百分数	第 50 个百分数	第 90 个百分数	
A. 2009 年 3 ℃				
中值	0.7	3.6	8.0	4.8
中位数	0.0	1.9	6.0	0.5
B. 2175 年 6 ℃				
中值	1.5	6.1	13.6	12.1
中位数	0.5	4.7	12.0	3.0
C. 2090 年 6 ℃				
中值	3.3	10.4	21.7	17.5
中位数	2.0	5.5	15.0	5.0

资料来源：诺德豪斯（1994）。
说明：
a. 灾难性损失定义为全球产出蒙受的损失为 25% 或更多。

开始，专家估算的 2090 年变暖 3 ℃影响的中值比 DICE 模型所用的估算将近高 40%。但专家估算的 2175 年变暖 6 ℃影响的中值比 DICE 模型所用的估算低 10% 左右。我们可以采用专家对影响的第 10 个百分位数和第 90 个百分位数的估算来确定不确定性范围。专家对 2090 年变暖 3 ℃影响的第 10 个百分位数的估算基本是零，而对 2090 年变暖 3 ℃第 90 个百分位数的中值估算是占全球收入的 6%。最后，在调查中，对于 3 ℃的暖化，灾难性损失的概率中值的估值非常小；对于 6 ℃的暖化，中值的估值范围在 3%—5% 之间。

整体上看，这里的损失函数较好地显示了调查结果，但有低估低温升高对调查结果影响的倾向，也有高估高温升高对调查结果影响的倾向。为了构造损害的五分位数，我们假设最低的五分位数没有损失，并且中位数等于中值，这样就剩下两个自由参数。为了接近这个分布，我们把最高的五分位数放在一个最接近调查中第 90 位百分位数和第 50 位百分位数之比的位置。在表 7.1 中说明了结果。

我们考察了大量估算气候危害分布的可供选择的方法，但分布的所有修改都符合用于构造不确定分布的约定，对结果影响不大。因此，应该强调的是，气候危害函数的估算有极大的猜测性。虽然气候变化影响的主要估算是基于所观察到的气候和经济活动之间的关系，但对极端观察的估算远远超出了历史经验的推断。

纯社会时间偏好率（ρ）

在上一章中详细讨论了在选择纯社会时间偏好率中所涉及的问题。回想一下方程式（6.3）给出的资本真实收益的状况，其中 $r(t) = \alpha g(t) + \rho_1$，这里 $r(t)$ = 真实利率或物品的贴现率，又是消费边际社会效用的弹性，$g(t)$ 是人均消费增长率，而 ρ 是纯社会时间偏好率。在上一章中笔者广泛讨论了选择时间偏好率的基础。

检验时间偏好率可供选择值的含义的一种方法，是检验储蓄率时间偏好变化的含义。下面说明了近年中全球净储蓄率[1]与 DICE 模型对不同时间偏好率计算的净储蓄率。

实际的：

1970—1979 年	9.1%
1980—1989 年	7.0%

对 1990—1999 年计算的：

$\rho = 0.03$	9.6%
$\rho = 0.01$	15.2%
$\rho = 0.005$	16.9%
$\rho = 0.0001$	18.7%

这个比较说明，降低时间偏好率对全球储蓄率有重大的含义，它提醒我们，在选择这一参数时不能不考虑其更广泛的含义。

此外，作者对参加 1992 年国家经济研究者（NBER）夏季讲

---

[1] 实际数据来自这种研究遵从的一组数据，并在第 4 章中讨论了。

习班的环境和资源经济学家进行了非正式调查，以确定他们对社会时间偏好率的最佳猜测和不确定范围的适当值的看法。[1] 这一组的最佳猜测的集中趋势每年在 1.8% 到 3% 之间。在五分位数范围内，该组的集中趋势为每年 3.7% 至 5%。

在随后的不确定运算中，我们继续用每年 3% 的时间偏好率作为中心案例，因为这个值可以最好地校准有关资本存量、储蓄率和回报率等历史数据。对不确定性范围，我们允许随着人均收入增加，时间偏好率有一个下降的概率。在低端，鉴于过去趋势和低时间偏好率所隐含的净世界储蓄率近乎两倍的增长要求，每年 $\rho=0.01$ 这样低的比率看来是可以接受的。较高的时间偏好率是系统地决定的，这个范围与 NBER 的概述一致。

尽管允许不同的时间偏好率在原则上很简单，但它在 DICE 模型中提出了难以解释和实施的问题。适当的解释是社会偏好的进一步变化。我们可以设想在这种变化中，全球决策者会权衡当前和未来的选择，并决定基于未来的更大需求而进行储蓄与投资。这种决策就需要许多国家经济政策的重大变化；这些改变需要足够的说服力和立法保证，并且可能需要许多年才能完成（一些人会说，实际上最近 10 年的趋势是在另一个方向，美国和日本都是低储蓄率）。一个雄心勃勃的假设是，改变我们对节俭态度的变化过程在 20 世纪 90 年代这 10 年中间或已开始了，而且需要一代人

---

[1]　作者得到了详细的数字结果。

才能完成。

　　嗜好的逐渐变化用电脑来处理是复杂的，因此，为了使这种变化在 DICE 模型中可以操作，我们假设，嗜好的变化发生在一个时期——在第六个和第七个计算周期之间（就是在 2020 年）。一个模拟表明，这个假设产生的结果几乎与从 2000 年开始到 2040 年结束的嗜好变化相同。这个假设也允许分析直至第六个时期的早期信息的价值。

蒙特卡罗运算

概述

　　在这一节中，我们进行一组蒙特卡罗运算——用在本章第一部分说明的抽样技术（样本有替代）——来估算未经济增长、气候变化和政策的不确定性。理论结构在本章开始时简述过了，我们现在就更详细地展开分析这种技术。可以把 DICE 模型作为是从一组参数和初始条件到一组结果变量的映射。在上一节中，我们推导出八个不确定变量的值的五倍。在这一节，我们根据从参数 5^8（390625）种可能组合中的随机抽取，制作了一组 DICE 模型的 500 次运算。

　　蒙特卡罗运算的目的是双重的。第一，用这种方法，我们可以估算像产出和消费增长、排放和浓度增长、温度增加及气候危害这类未来变量不确定性的程度。在下一节将提出这些结果。

第二，根据蒙特卡罗运算，我们可以把大量可能的状态加总为小而可控的代表性方案，以在下一章估算风险或保险费中使用。这个任务将在本章末进行。

蒙特卡罗运算的结果

我们现在展示对 DICE 模型进行蒙特卡罗运算的结果。回想一下，我们已经通过替换本章前面介绍的不确定变量的八维分布来生成样本。这些运算提出了作为不同时点上不同变量的概率分布。概率解释来自将概率的标准定律应用于八个不确定变量的分布（假设变量之间具有统计上的独立性）。

在我们提出结果之前，先要有一个解释。结果和政策分布是在决策者了解经济结构，并根据未来状态的完全信息采取今天的行动时出现的。这些方案可以描述为"学习，然后行动"。换句话说，这些值是采取任何一种政策行动之前，根据了解的世界准确状况采取政策时（无排放控制以及投资和消费决策）所采用的值。从没有采取任何措施的意义上讲，结果是"最佳的"，以后将不会感到遗憾；假设不确定性将在不久的将来得到解决，这显然是不现实的。采用这种最优方法的原因是双重的。第一，从这种分析我们可以得出未来应有的不确定性的估算（假设我们对变量基本分布的发现是正确的）。第二，在本章的后面，我们将用这些结果来汇总全球的状态，以便在下一章中研究更现实的学习方法。

表 7.3 显示了运算的概要，它提供了直到 2100 年不同时期主

表 7.3　主要不确定变量的分布（根据 500 次蒙特卡罗运算）

	1995	2005	2015	2045	2095
预期值					
产出	24.6	32.5	42.0	82.4	219.9
温室气体排放	9.1	11.0	13.0	20.4	39.6
温室气体浓度	765	809	862	1073	1655
温度增加	0.7	0.9	1.1	1.8	3.1
温室气体控制率	0.046	0.060	0.075	0.110	0.153
碳税	11.83	17.24	24.22	49.20	129.43
标准差					
产出	2.3	4.9	9.2	38.5	219.8
温室气体排放	2.0	3.2	4.9	12.8	48.8
温室气体浓度	18.3	30.4	49.2	164.5	759.2
温度增加	0.11	0.16	0.22	0.44	1.05
温室气体控制率	0.088	0.118	0.153	0.209	0.272
碳税	30.87	48.94	74.22	176.54	594.25
变动系数					
产出	0.09	0.15	0.22	0.47	1.00
温室气体排放	0.22	0.29	0.38	0.63	1.23
温室气体浓度	0.02	0.04	0.06	0.15	0.46
温度增加	0.16	0.18	0.19	0.24	0.33
碳控制率	1.89	1.97	2.03	1.91	1.77
碳税	2.61	2.84	3.06	3.59	4.59
第 10 个百分数					
产出	21.8	26.7	31.6	42.9	55.5
温室气体排放	6.7	7.4	7.8	8.4	6.4
温室气体浓度	740	768	799	889	988
温度增加	0.55	0.67	0.80	1.22	1.85
温室气体控制率	0.010	0.010	0.010	0.010	0.010
碳税	0.00	0.00	0.00	0.00	0.00
第 50 个百分数					
产出	24.1	31.3	39.7	73.0	138.3
温室气体排放	8.9	10.5	12.1	16.9	24.1
温室气体浓度	765	809	858	1049	1425
温度增加	0.8	1.0	1.2	1.8	3.0
温室气体控制率	0.014	0.017	0.019	0.026	0.037
碳税	4.51	5.56	6.99	11.64	18.62
第 90 个百分数					
产出	27.7	39.2	54.7	136.7	432.2
温室气体排放	11.8	15.3	19.5	36.2	82.4
温室气体浓度	789	849	929	1288	2554
温度增加	0.86	1.12	1.40	2.41	4.52
温室气体控制率	0.116	0.159	0.211	0.338	0.525
碳税	25.77	36.93	51.33	97.77	207.09

要变量的中值、标准差和变动系数，以及第 10 个百分位数和第 90
个百分位数。（这个运算周期实际上是 400 年，但超过 2100 年没
有提供的结果具有猜测性的）结果的不确定性一直在随着时间的
推移而增长，因为未来社会和经济状况的不确定性在日益增加。

图 7.1 到图 7.5 显示了主要不确定变量的分布。图 7.1 和 7.2
显示了温室气体排放和浓度的分布（在未来主要是二氧化碳）。图
7.3 显示了未来温度增加估算的分布。这个图说明，到 21 世纪末，
不确定程度是极大的，第 80 个百分位数的范围（在第 10 个百分
位数和第 90 个百分位数之间）在 1.8 ℃到 4.5 ℃之间。这个范围
略低于 IPCC 提供的估算，显然后者是根据没有概率的解释。

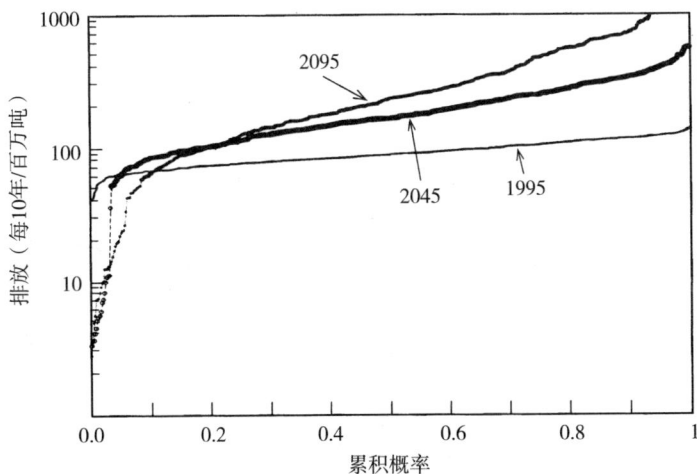

图 7.1　温室气体排放分布
（500 次蒙特卡罗运算）

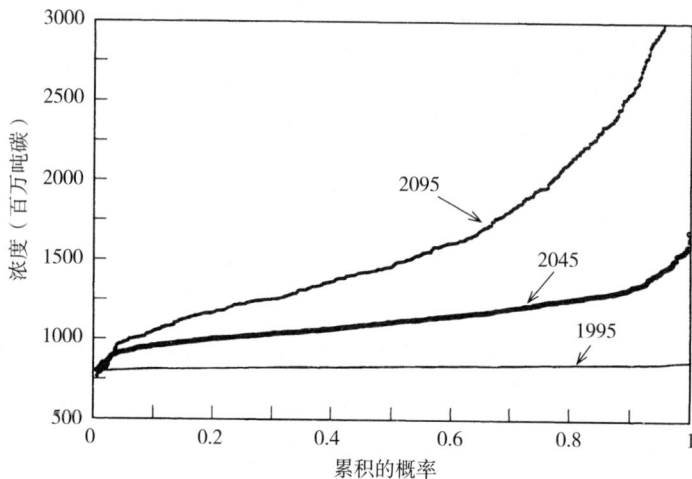

图 7.2　温室气体浓度分布

（500 次蒙特卡罗运算）

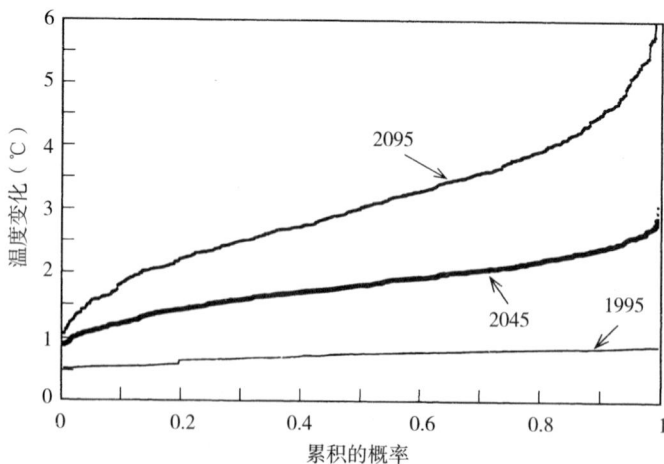

图 7.3　温度变化的分布

（500 次蒙特卡罗运算）

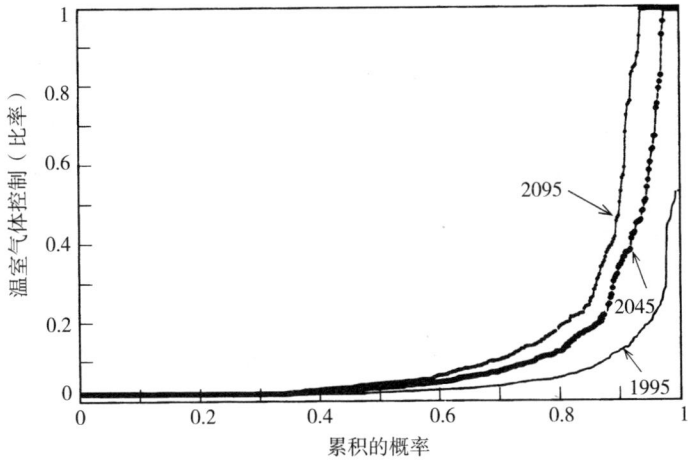

图 7.4 温室气体控制率分布
（500 次蒙特卡罗运算）

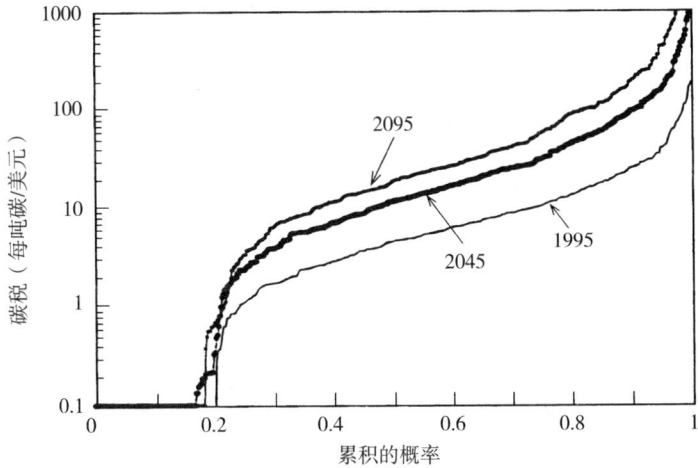

图 7.5 碳税分布
（500 次蒙特卡罗运算）

图 7.4 和图 7.5 根据政策变量、税碳和温室气体控制率说明的最优温室政策的估算分布。这些分布的中值估算偏离了本研究第一编给出的最佳猜测值——这些差别反映了不确定变量之间的相互作用。政策的分布极不平衡，产生了一些非常大的结果。在第一个控制时期，税碳的中值是每吨碳 4.45 美元，预期值是 11.83 美元，第 95 个百分位数的值是每吨 42 美元。在 1995 年最优碳税（每吨碳超过 100 美元）的极大概率估算为 2%，2045 年为 10%，而在 2095 年略低于 20%。分布不平衡的程度表明，对气候变暖有大的风险贴水——在下一章将研究这个问题。

此外，1995 年的中值控制率是 1.4%，预期值是 4.6%，而第 95 个百分位数的控制率为 19%。要注意，另一种表示点的方法是最优控制率的概率在 1995 年是 5% 左右，在 2045 年是 12%，而在 2095 年是 20% 左右。

总之，通过把主观概率理论和蒙特卡罗抽样技术运用于 DICE 模型，我们在这一章推导出了主要结果变量（经济与气候变量以及政策变量）的分布。由于长期时间范围、许多科学基础、未来社会和经济趋势的内在不确定性，未来气候变暖和政策含义的不确定性是巨大的。在这一章和下一章，我们将转向不确定性对经济政策含义的研究。

有代表性方案的推导

在最后一节，我们说明如何把大量潜在的方案加总成五个有代表性的方案。为了重申这一步的目的，应该回想一下，我们将在下一章推导出以便我们进行优化和决策分析的世界的五种状态。这个很小的数字是我们在 DICE 模型中不确定的情况下，通过全面分析决策可以轻松处理的最大值；合并完整的蒙特卡罗结果在计算上是不可行的，因此我们必须将此处考虑的世界状态数量减少到非常少的数量。但是，在构建有代表性的方案时，至关重要的是，对场景设计时，使其具有与基础世界状态（SOW）相同的属性。运用这些有代表性方案，我们可以计算在考虑了未来气候和影响并结合风险规避的信息的价值和"风险贴水"；因为方案在和基本方案群有同样的概率分布的意义上具有代表性，我们可以确信，对于世界上有限数量的状态，不确定性值的度量和计算得出的风险贴水（从参数到结果的映射中的采样误差和非线性）于整个总体而言是相同的。

从理论的角度看，在图 7.6 中显示了把大量 SOW 加总成少数有代表性的 SOW。在横轴上，我们用分布的分位数来表示单个不确定变量。在纵轴上，我们表示结果变量（比如说，温室气体限制的严格程度）。这条波状线是把参数画入结果的方程式（7.1）的复杂的地图。例如，直线代表 $Y_t = \mathbf{F}(\mathbf{X}_{t-\tau}; \boldsymbol{\beta}_I, \boldsymbol{\beta}_{II})$ 的简单形式，这里 $\mathbf{Y}_t$ 是在纵轴上而 $\boldsymbol{\beta}_I$ 在横轴上。

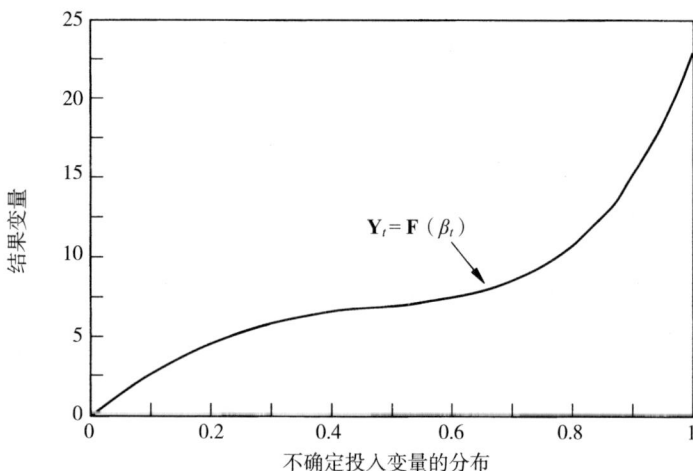

图 7.6　不确定与结果变量假设的分布

　　为了得出有代表性的方案，我们需要根据某些共同特点把世界的状态排序。在图 7.6 中，因为只有一种投入与产出变量，所以将不确定性按五分位数分组是很自然的。然后，SOW1 把在 β [0，0.2] 区间内所有输入量连同相关结果汇总在一起。因为 **F** 映射在不确定变量中是单调递增的，所以这种分组意味着第一个 SOW 也会包含得分最低的结果的五分之一。

　　不幸的是，在把 40 万个潜在完整的群 SOW（或者从 40 万个"样本 SOW"中抽取的 500 个样本）加总成五个有代表性的方案或世界状态，产生了大量严重的并发症。在要处理的问题中产生了三个难题。第一，有多个不确定变量，以至于不确定变量没有明显的"低"和"高"之分；根据图 7.6，这意味着横轴实际上

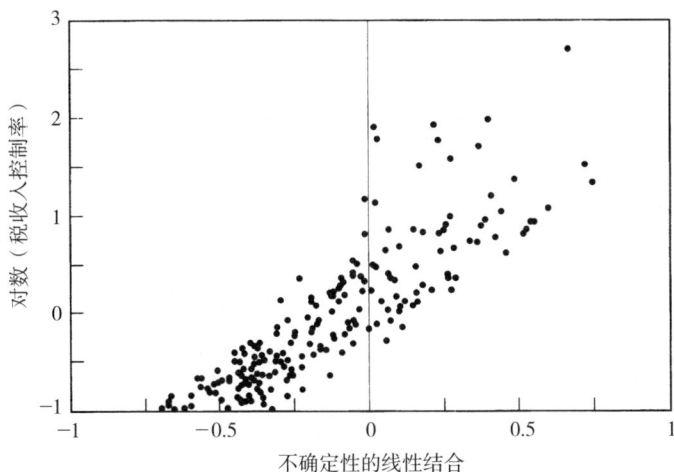

图 7.7　DICE 模型蒙特卡罗运算中的结果与不确定性

是一个八维空间。第二，有多种有价值的结果，诸如温室气体控制率、税碳、世界产出和全球温度以及其他一般时期的所有变量；根据图 7.6，这可以看作纵轴的结果空间中的高维性。第三，**F** 映射看来是高度非线性的，因此，不确定分析主要关注分布的极值而不是在本研究第一编所研究的中心趋势或最佳猜测。

图 7.7 显示了构建有代表性世界状态的困难。为此，我们在当前的气候变化政策中定义了纵轴上的结果变量，由当前最优碳税乘积的温室气体减排率的对数来表示。利用结果变量，我们估算了 8 个不确定变量与结果之间最佳线性统计关系。我们把不确定变量的最佳线性组合放在图 7.7 所示的横轴上。离散的点说明，从不确定变量到结果没有简单的映射（或者称为"响应面"）此外，

图 7.7 说明了，结果的分布有多不平衡，而且有一些非常大的无关值。

解决这三个困难的方案如下。首先，我们根据结果而不是根据投入的排序来选择加总不确定的投入变量。这样选择的原因是投入变量并没有内在利害关系，相反，我们关注的是把它们分组，以便为处理气候变动的不确定性而得出有用的代表性方案。

为了处理第二种情况——结果的高维性——我们关注不确定性对当前气候变化政策的影响。为了这样做，我们构建了代表与某种方案相关的成本整体程度的一个线性指数（这个指数称为"严重性指数"）。严重性指数的定义为碳税乘以温室气体控制率的产物。这个指数根据两个主要控制变量反映了气候变化政策的严格程度。严重性指数的替代指标似乎不会显著改变结果。

第三个问题——结果分布的不平衡——通过对代表低概率、高后果事件的世界状态的分层来处理。为了构建有代表性的 SOW，我们把群结果分为我们可以称为灾难性的（SOW1，$\rho = 0.02$）、极端不利的（SOW2，$\rho = 0.08$）、不利的（SOW3，$\rho = 0.15$）、不好的（SOW4，$\rho = 0.25$）以及有利的（SOW5，$\rho = 0.50$）这几种。通过过度呈现代价高昂的结果，我们可以确保，政策考虑到低概率、高后果事件的影响。

用这些假设，我们将确定被分组到五个 SOW 的五组运算的参数值。这里的技术是从 SOW 分组向后映射到不确定参数的值。实际上，我们取 500 个样本 SOW 中的前 2%（结果的前 2% 或 10 个

表 7.4 五个有代表性的 SOW 的主要参数分布

		时间偏好	人口增长	生产力增长	温室气体-产出比率	气候危害	缓解成本	温室气体控制率	T-敏感度 $T(2 \times CO_2)$
最好猜测:		0.030	0.195	0.110	-0.117	0.013	0.069	0.640	2.908
平均参数值:									
SOW1	0.02	0.012	0.027	0.074	-0.117	0.017	0.067	0.677	3.808
SOW2	0.08	0.014	0.124	0.099	-0.128	0.024	0.068	0.665	3.222
SOW3	0.15	0.023	0.167	0.123	-0.110	0.022	0.064	0.653	3.310
SOW4	0.25	0.030	0.193	0.115	-0.117	0.018	0.072	0.652	2.999
SOW5	0.5	0.033	0.204	0.106	-0.124	0.006	0.067	0.635	2.656
中值		0.029	0.186	0.110	-0.120	0.013	0.068	0.645	2.908
误差 [a]		0.043	0.047	0.003	0.028	0.025	0.007	0.008	0.000
蒙特卡罗样本的结果:									
中值 [b]		0.029	0.186	0.110	-0.120	0.013	0.068	0.645	2.908
标准差 [b]		0.001	0.005	0.003	0.003	0.000	0.002	0.004	0.046
t-stat [c]		-2.093	-1.879	-0.097	-0.983	-0.669	-0.266	1.205	0.013

说明:

a. SOW 中值与真实中值之差除以差除以对中值的绝对值;

b. 500 次蒙特卡罗运算样本的中值与标准差;

c. 500 次运算样本与群中值除以样本标准差之间的差别。

点如图 7.7 所示），然后向后映射到不确定变量的值以得出 SOW1 的参数。如果只有一个不确定值，我们就得出了图 7.7 中横轴上简单的平均值，这个值对应于结果的前 2% 以得出 SOW1。然后我们将下面的 40 个点作为 SOW2 的下一个 8% 的结果。依此类推。

实际问题比图 7.7 中显示的维度更多，但遵循了同样的原理。然后，我们根据严重性指数按等级对 500 次蒙特卡罗运算进行排序，并将运算分组为前 10 次运算（SOW1），接下来为 40 次运算（SOW2），依次类推。随后我们将 500 次运算中的每次运算向后映射到生成该运算的 8 个不确定参数的基础集合。最后，我们将 8 个不确定参数在 SOW1 上的 10 次运算的值取平均值，得到 SOW1 的参数；我们对 SOW2 的 40 次运算的 8 个不确定参数的值取平均值，得到 SOW2 的参数，依次类推。在形式上，我们计算了每种世界状态下每个不确定参数的条件平均值，这些就产生了下一章不确定性和政策分析用的参数值。表 7.4 显示了这一步的结果。

为了得到 5 个有代表性方案，我们用 5 个 SOW 进行 DICE 模型运算；在这些运算中，参数与基本群组有同样的分布（除了抽样错误）。此外，如果在单个 SOW 代表的区域中从参数到结果的映射呈线性的，那么具有代表性的方案和结果变量也将具有与 SOW 群相同的结果分布。考察结果分布和有代表性方案的时机并与样本 SOW 的比较说明，SOW 的层次在保持较大样本的集中趋势与离散性上也是成功的。

总结一下，我们引入了一种新技术，该技术可以生成用于不确定性分析的代表性方案。这种技术使我们可以分析不确定性的广泛范围，并同时把不确定性加总为小数量，在下一章这种小数量就体现在最优模型中，并可以用来决定在不确定条件下的最优政策与信息的价值。

第8章 |

决策分析与信息的价值

导　言

概述

　　我们已经看到，全球变暖的威胁带来了巨大的不确定性——未来排放路径、温室气体—气候联系、气候变化的时间、气候对植物群和动物群以及人类社会的影响、减缓气候变化的成本的不确定性，以及甚至我们可以减少不确定的速度的不确定性。面对不确定性我们应该如何做呢？后两章开发了一种方法，用于分析不确定性对温室效应暖化政策的影响。本章采取了最后一步，对可能的结果范围进行了考察，以确定风险和不确定性如何影响遏制温室变暖的最优战略。

　　对许多问题，采取一种"相当于确定"或最佳猜测的方法是合理的，仿佛不确定性不重要一样行事。只要风险是系统性的，这种方法就是合适的赌注并不大，而且没有学习的机会。实际上，对温室效应来说，这些条件没有一项能得到满足。我们在上一章说明了，风险是高度系统并不平衡的，小损失有高概率，而大损失有小概率；此外，对极端情况来说，赌注也将是大的，特别是对于贫穷国家与地区而言；最后，许多不确定性通过进一步研究或者至少假以时日是可以解决的。

本章企图系统地研究这些问题。我们从评论社会可以应对不确定性的三种方法开始：保险、平稳消费与谨慎投资。然后，我们考察不确定性对最优政策的影响。不确定性意味着我们应该采取更严格的温室气体控制，或者碳税应该更高吗？它进一步考察了学习的含义：信息的逐渐披露如何影响我们的投资战略？我们应该把我们的第一笔投资用在知识上来积极减少我们的不确定性吗？或者这些策略对于解决不确定性的时机很稳健吗？用以上两章不确定性分布的结果，我们希望可以给出这些问题的答案。

然后，我们将讨论更好的信息或更早地解决不确定性的价值问题。一些不确定性可以通过认真的研究来减少，而另一些将由时间的流逝来解决——例如，在现在和 2020 年之间人口增长的不确定性可以通过人口学的研究来解决，但在任何情况下，不确定性都将通过在 2020 年来到时的实际事件来解决。温室效应与地球物理内容的早期知识允许我们采用更好的适应未来的战略。如果我们确切知道海平面上升将在一个世纪内保持在最低水平，我们就可以推迟保护我们海岸线的昂贵投资。通过考察在不同时点上解出的不确定性的值，我们就可以得出信息价值的估算值；这些结果也有助于我们将精力转向那些可以带来最大收益的研究领域。

全球变暖的风险贴水

气候变化的不确定性和不可估量的影响，即使不是最主要的问题，也是最主要的问题之一。考虑到这一问题，支付一大笔风险贴水以避免或减少在海平面上升时缺乏航海图的浅水中航行搁浅、沙漠化、未预见到的病虫害或者其他危害的概率是值得的。在面对不确定性时，许多人都要求支付风险贴水，而且这种方法在一个开创性的研究《购买温室保险》[1]中得到了强调。

本章强调不确定性对政策的影响，特别集中在应对未来气候变化不确定性可以采取的步骤上。由于未来的不确定性，社会应该或多或少地减少温室气体排放吗？作为个人、作为国家或者作为全球，我们能在多大程度上防范不确定性？我们最终将了解到全球变暖的规模和后果，这一事实是否会使政策倾向于一个方向——是现在减排还是未来适应？我们首先分析全球变暖背景下的风险影响，并考虑如何应对不确定的未来事件。具体而言，我们把那些旨在减少不确定性带来的危害的不确定行动称为不确定性缓解措施，而这些行动的经济成本就称为风险贴水。

首先，我们应该记住，经济与社会制度的一个重要目标是减

[1]　参看曼内和瑞切斯的研究（1992）。

少随机的或变化莫测的事件对个人和社会的影响。广义地讲，像保险、资本市场、部落与家庭、备用政策、政府转移政策以及失业者资源服务都是作为减少个人对不确定性事件脆弱性的缓冲器。三种特殊类型的活动都可以缓解气候变化的不确定性对经济福祉的影响：传统的保险、平稳消费以及预防性投资。

1. 第一种方法是传统的保险。严格地讲，保险是投保者向被投保者赔偿保险金的一种机制。保险的依据是大量多元化风险的存在；依靠大数定律，允许把个人风险分散到大量人群中间；在存在风险厌恶的情况下，这意味着风险共担提高了消费的平均效用。按更准确的说法，风险贴水是社会和个人为替代有结果预期值的不确定结果分布的量。

一旦我们记住了传统保险的性质，我们就能清楚地知道，全球变暖带来的中心风险并不属于传统保险框架内的。当个人风险可以通过大数定律在不同人之间分摊时，传统保险原理适用；全球变暖问题的性质正在于它是全球性的，因此，存在一个不可分的主要部分，从而是不可保险的风险。

同时，保险也可以形成应对气候变暖的适当政策的一个重要部分。尽管可能不会对全球变暖产生大的总体影响，但个人、地区和国家会受到严重影响。有些房屋可能被冲入海中，而另一些房屋则享有良好的远景；一些低洼的地区会被淹没，要把贸易转到有利的内陆地区；一些国家会发现它们的谷物带处于灾难性境况，而另一些国家则将贸易条件和收入的提升作为结果。正是在私人风险多元化的环境下——总体上是平均的——传统保险可以减少与气候变化相随的个人灾害与社会摩擦。

2. 社会应对不确定性的第二种方法是跨期的传统保险——这就是随着时间推移的平滑消费。比如说，气候变化造成的大的一次性收入损失的可能性很小——也许是一次巨大的风暴冲击、冰山瓦解或者洋流转变的可能，这些会大大减少一代人的收入，此后收入会再次回到趋势线上。社会的确可以通过在平时积累一笔额外的资本，在灾难发生后通过消耗资本来维持消费，从而防止这种情况的发生。

针对不同类型的收入损失，设计了 DICE 模型来检验相应的消费平滑度。实际上，优化的目的是确定由特定规范和给定的效用函数所引起的代际之间的消费损失的最优分布。在这种研究中，我们考察了对气候变化平稳而持续影响的反应，但它很容易根据考察的突发性变化及一次性的变化进行修改。

3. 第三种应对不确定性的方法是预防性投资：这些是由于未来不确定而进行的减排、适应或信息的支出，而且要服务于增加消费的预期效用。正如我们对世界上没有发生过火灾的国家提供火灾保护一样，即使全球变暖没有发生以及海平面不会上升，我们也要对减排（通过遏制能源使用或植树）、适应（通过加高堤坝或通过研究高二氧化碳作物），或者增加我们的知识（通过气候或社会科学研究）进行投资。

当全社会决定提高温室气体减排率时，预防性投资最明显的形式就出现了：这样做的效果是减少极端结果发生的可能性，并在形势不利的情况下更好地削减温室气体排放。在 DICE 模型中特别考察了这种预防性投资的形式，而且在本章图 8.3 和表 8.2 中将给出一个示例。这些例子显示，由于决策者不知道未来气候的变化趋势，温室气体减排的中值的确更高。

研究是预防性投资的另一个例子。研究服务于减少对未来减排成本与气候变化危害的不确定性，从而增加了消费的预期值。研究提供了不确定性的信息与早期解决方法；更好的信息是有价值的，因为它使我们可以微调我们面对的实际威胁的政策。在这一章的后面，我们将说明，从减少未来气候变化不确定性中获得的收益是巨大的。在减少不确定性的高价值为既定的情况下，全社会很可能决定对科学研究进行预防性投资。[1]

最后，应对不确定性是一个丰富的分析和政策课题。正如总结了这种讨论的表 8.1 提出的，各种各样的技术可以用于减少不确定性的影响——范围从私人与社会保险到科学研究的预防性投资。

---

[1]　由于收益相对于参数的非线性，出现了另一种形式的不确定性或风险贴水。我们将在以下说明（特别参看表 8.2 中完全信息与确定的当量之间的差别），不确定性增加（在中值保持扩散的意义上）通过减少消费的预期值损害了真实收入。我们称这种关注来源为"非线性贴水"，并把它定义为中值结果与参数值的中值之间的差别。这种差别的产生是因为经济或地球物理过程的基本非线性。然而，非线性的不幸现实与来自不确定的惩罚并没有操作意义。我们无法向某些高级实体支付溢价，这可以确保我们免受非线性影响，或将其消除。

表 8.1 缓解不确定性可供选择的政策

范　畴	不确定来源	政　策
1. 传统的保险	1. 多元化（个人）的风险	1. a) 私人保险（天气、洪水、收成） b) 社会保险（应对贸易条件或收入损失）
2. 平稳消费	2. 大的或灾难性损失的风险	2. 投资（"未雨绸缪"）
3. 预防性投资	3. 危害范围或减排成本的不确定	3. a) 预防性减排（更高的碳税） b) 预防性适应（从海岸线退出） c) 投资于知识（地球物理与社会科学研究）

不确定性之下的最优政策

决策分析与不确定性的解决

　　在本节中，我们将运用本章前半部分的分析来调查不确定性对气候变化政策的实证影响。我们从不确定性的影响开始，在这种情况下，不确定性立即得到解决。然后我们转向更现实的情况，我们必须在不确定的情况下行事，认识到不确定性将随着时间的推移而解决。

　　用"决策理论"工具以及表 8.1 中所说明的不同方法来分析不同的形势。在这种情况下，唯一的不确定性就是温室效应造成的气候损失是高还是低；因此世界就趋于两种状态。在不确定性情况下，我们必须决定一系列的行动和学习，总要考虑"你知道什么以及你什么时候能知道它"。如果我们是幸运的，我们就可以确

定世界的状态及以后的行动。图 8.1（a）中说明的这种情况被称
为"学习然后行动"。一种方法是，我们首先应该了解温室效应的
危害是高还是低；然后我们就可以根据我们的知识采取我们的战
略，对高或低的危害分别实施或高或低的碳税。根据决策性的惯
例，一个小圈代表不确定已经解决的一点，而方框代表一种决策。

　　更现实的情况是，我们必须在大自然揭示我们所处的世界状
态之前采取行动。图 8.1（b）说明了这种情况。我们必须在我们
知道危害是高还是低之前决定气候变化政策。在这种情况下，政
策就要遵循 1990 年中间碳税的中间道路方法，而且只有在 10 年
后我们才知道是太高了（如果危害证明是低的）还是太低了（如
果危害证明是高的）。显而易见，我们偏好早点获得信息，那样我
们就不会错误地决定碳税太高还是太低。（a）情况中社会真实收

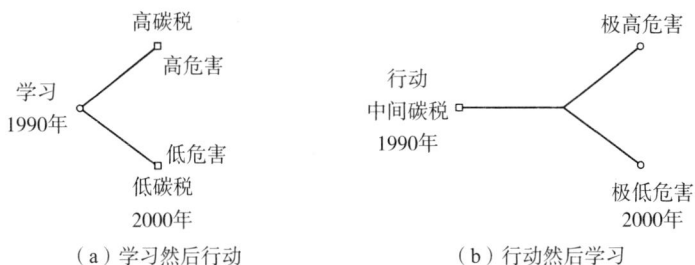

图 8.1　预防性步骤的决策树

注：决策理论的一个基本问题是"你知道什么和你什么时候知道"。在（a）
中，在必须作出决策之前得到信息，因此决策者可以根据世界的状况采取
不同的行动。在（b）中，决策者忽略了世界的状况，因此不能采用取决于
状况的政策——这就是说，作出决定，然后揭示世界状况。在（a）中决策
更有效，因为人们只有在下雨天才拿雨衣。

入和（b）情况中社会真实收入的差别显示了早期信息的价值。

图 8.2 显示了一系列精心制定的决策与不确定性的解决，我们可以把这种情况称为"行动、学习、行动、学习、行动……"对这个例子，假设有两组不确定性——高与低的缓解成本以及高与低的气候危害函数，对应总体四种 SOW。在这种情况下，假设可以确定 1995 年、2005 年和 2015 年……的碳税，而某种信息在 2000 年和 2010 年披露。在 1995 年，确定第一个而且试验性碳税，但对缓解成本和气候变化危害的了解极少，因此采取的政策是要找到一条中间碳税的中间道路方法。之后，在 2000 年，知道了缓解

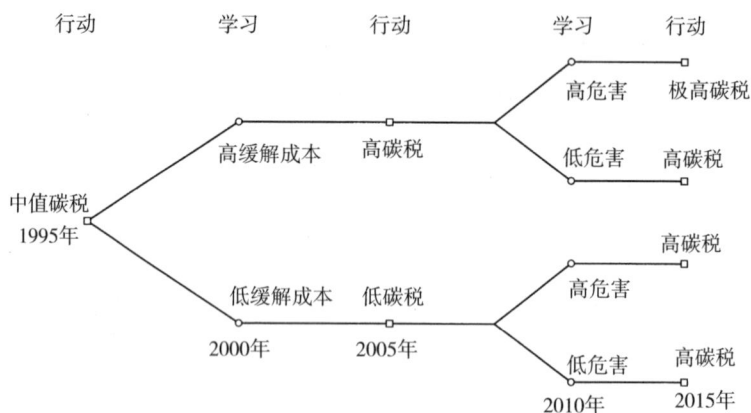

图 8.2　系列决策

注：该图显示了在获得新信息后如何修改决策。在第一个时期没有有用的信息，因此碳税被设定为中间值。在 2000 年，可以得到缓解成本的信息，这就使决策者可以在高碳税与低碳税之间作出选择。随着 2010 年关于危害信息的，决策可以进一步细化。注意，随着信息的改善，决策的数量和效率也会增加。

成本高还是低，但显然危害函数仍然是不确定的。根据此类信息，确定的碳税既可以高也可以低。然后在 2010 年，最终的不确定性解决了，而且我们既知道了危害函数又知道了缓解成本函数。在我们的下一个决策点 2015 年，我们就微调碳税以与世界状况保持一致。这里再次强调，我们必须计算图 8.2 中对这个系列的社会真实收入，并把它与比如说 10 年前披露的信息相比较。真实收入之间的差异就是早期信息的价值。

在随后的计算中，我们已经实现了图 8.1 和图 8.2 显示的构思。我们首先计算在不确定解决方案的不同假设下的最优政策，从不同结果中，我们可以确定最优政策以及完全信息或早期信息的价值。

有完全信息的最优政策

第一个不现实的案例涉及具有完全信息的最优政策。这涉及在不同世界状态下确定不同的政策，并代表了图 8.1（a）画出的"学习然后行动"所说明的例子。在这种情况下，世界所处的一种状态可能是高危害，而另一种状态可能是低危害。知道了世界所处状态，决策者就可以确定适当的政策。这个试验说明了不确定性对政策的纯粹影响。

表 8.2 中说明了这个试验的结果，它比较了有完全信息的最优政策（PI）与确定性等价（CE）情况的结果。回想一下，我们已经将不确定情况构建为保持中值的价差；这就是，相当肯定和不

表 8.2 在不确定性之下温室气体控制率和碳税的值

年份	1995	2005	2015	2045
温室气体控制率 （不受控制的比例）				
参数预期值（CE）	0.088	0.096	0.104	0.122
500 次随机运算的值（PI）	0.015	na	na	0.025
500 次随机运算的预期值（PI）	0.046	na	na	0.110
5 次 SOW 运算的预期值 （PI）	0.103	0.119	0.135	0.171
在 5 次 SOW 运算中早期 信息的预期值				
完全信息 1990	0.103	0.119	0.135	0.171
完全信息 2000	0.127	0.119	0.135	0.171
完全信息 2010	0.128	0.156	0.136	0.171
完全信息 2020	0.128	0.157	0.193	0.171
碳税（1989 年价格）				
参数的预期值（CE）	5.24 美元	6.73 美元	8.34 美元	13.40 美元
500 次随机运算中值（PI）	4.51 美元	na	na	11.64 美元
500 次随机运算的 预期值（PI）	11.82 美元	na	na	49.20 美元
5 次 SOW 运算的 预期值（PI）	11.98 美元	18.00 美元	26.48 美元	52.84 美元
在 5 次 SOW 运算中 早期信息的预期值				
完全信息 1990	11.98 美元	18.00 美元	26.48 美元	52.84 美元
完全信息 2000	12.03 美元	18.04 美元	26.54 美元	52.94 美元
完全信息 2010	12.06 美元	18.17 美元	26.66 美元	53.07 美元
完全信息 2020	12.11 美元	18.26 美元	27.02 美元	53.37 美元

符号："na" = 没有获得。

确定情况的中值是相同的，而且唯一差别是在后一种情况下结果的扩散。

表 8.2 说明了完全蒙特卡罗试验（有 500 次随机运算）的结果和把结果压缩进 5 次宏观 SOW 中的结果。第一个重要的结果是通过将确定性等价情况与政策的期望值进行比较得出的。正如可能看到的，与 CE 情况相比，PI 情况下温室气体排放控制率的期望值要低得多；另一方面，相比于 CE 情况，PI 情况中的碳税几乎是其两倍。这种结果的原因在于影响和控制函数的非线性。基本上，这些影响是高度倾斜的，因此，中值结果的控制率和碳税都比预期值低。

第二个结果涉及 5 次 SOW 运算和蒙特卡罗结果之间的关系。从表 8.2 中可以看出，5 次宏观 SOW 运算的结果与碳税 500 次运算的结果非常接近，而控制率的期望值在 5 次 SOW 运算时要高得多。后一个结果的产生是因为参数总体的影响消除了许多引起低控制率的因素。另一方面，更重要的碳税结果表明，为了研究不同 SOW 中的约束行为的影响而压缩结果的过程，较好地代表了不确定性的潜在分布。

最优学习政策

更现实的情况出现在我们必须"行动然后学习"的地方，图 8.2 中描述了这种情况。在这种情况中，我们必须在我们知道自己处于世界的哪个特定状态之前采取政策；知道了真实状态时，我们就要重新评估我们的政策，并几乎肯定会发现，我们的野心太大了或者我们的政策太宽松了。通过学习来制定政策，我们把时间分为三个阶段：（1）第一时期是我们根据经济和地球物理参数的真实概率分布知识采取行动，最大程度地提高结果的预期价值；（2）下一个时期，在未来某个时间，我们知道了世界的真实状态——这就是说，从参数的分布中抓住了本质，而且我们也知道了经济和地球物理参数的真实值；以及最后，（3）所有以后时期中，我们可以根据关于世界状态和参数实际值的完全信息来采取行动。第一阶段消失的极端情况就相当于在上一节讨论的 PI 情况。

　　模型编制技术受到无知的限制如下。假设在第 θ 时期末可以得到真正的 SOW 信息。这意味着，对第一时期……第 θ 时期，决策是不能依靠状态的；换句话说，温室气体控制水平必然对所有 SOW 都是相同的。我们把这些限制条件表达如下。用上一章的表述法，我们可以把 DICE 模型简洁地写为：

$$\mathbf{Y}_t(s) = \mathbf{F}\left[\mathbf{X}_{t-\tau}(s); \boldsymbol{\beta}(s)\right] \tag{8.1}$$

这里，$\mathbf{F}$ 是从最大化中代表欧拉方程式的映射；$\mathbf{Y}_t$ 是内生变量和政策变量的向量（例如，产出、温室气体浓度以及温室气体控制率）；$\mathbf{X}_{t-\tau}$ 是外生变量的一个向量，$\boldsymbol{\beta}$ 是一组不确定变量；而 s 是世界的状况，对第一个 θ 时期，必然在不知道真正的 SOW 的情况下作出；因此，决策者在以下限制下操作：

$$\boldsymbol{\mu}_t(s) = \boldsymbol{\mu}_t \quad t \leq \theta (\text{对世界的所有状态 } s) \tag{8.2}$$

这里，μ 是温室气体控制率。方程式（8.2）说明，在第一个 θ 时期，所有 SOW 的温室气体控制率必须相同，因为决策者无法区分 SOW。但在 θ 时期以后，μ 随着决策者了解真实的世界状态，μ 成为状态依赖者。

为了实现无知、学习和完全信息这三个阶段的约束，我们依靠上一章描述的 5 种宏观 SOW 构建 DICE 模型。在实践中，在 DICE 模型中的 5 个宏观 SOW 中，将方程（8.2）中的等式作为不同的约束条件添加到方程（8.1）中表示的模型中。图 8.3 说明，一种情况的结果，即世界的真实状态在第 5 个时期之后或 2010 年被揭示出来。这个图对数规模上的状态依赖性碳税。对前 5 个时期，最优状态依赖性碳税是相同的，因为决策者不能区分 SOW。在真实世界状态被披露之后，决策者就可以确定最优状态依赖性的碳税。对这种情况最优非状态依赖性碳税在 1995 年是每吨 12 美元，在 2005 年是 18 美元。当在 2100 年真实世界状态被披露之后，决策者可以采用较高的差别碳税。最大可能是 SOW5（p=0.50），2015 年的状态依赖性碳税是 4 美元。对于 SOW4（p=0.25），碳税是 14 美元。对于最不利的 SOW1（p=0.02），碳税是每吨碳 425 美元的天文数字。

我们对不确定性的解决作了四种可供选择的假设，即 1990 年（完全信息）、2000 年、2010 年和 2020 年的解决方案。表 8.3 说明了一些运算的细节。阅读第一栏，我们可以看到，世界状态的数量、世界状态出现的概率、四种情况下的第一阶段碳税，以及这些情况下的第一阶段控制率。注意，在不确定性未解决之前，控制率在所有世界状态中是相等的[1]。此外，图 8.4 显示了关于不确定解决的四种假设温室气体控制率的预期值。

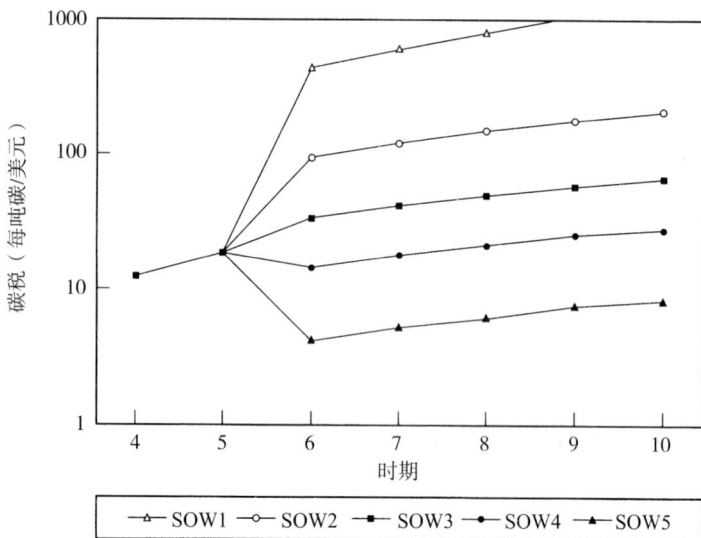

图 8.3 状态依赖型的碳税

（1989 年，每吨碳在每种世界状态下的美元价格）

回到表 8.2，我们可以将关于不确定性解决方案的四个替代假设的结果作为表格两半的最后四行进行比较。这些区表明了在世界真实状态不确定的条件下采取行动的必要性。第一组结果涉及无知对温室气体控制率的影响。正如可以看到的，不确定性的

---

[1] 一种可供选择的方法是限制碳税在 SOW 中平等化。这种方法并不现实，因为碳税并不是主要的控制变量。

表 8.3　不确定性对温室气体控制率的影响

		第一时期数据（1990—1999 年）							
		碳税解决时间				控制率解决时间			
SOW	概率	完全信息	早期	中期	晚期	完全信息	早期	中期	晚期
1	0.02	146.51	148.69	150.39	152.93	0.462	0.127	0.128	0.157
2	0.08	39.79	39.89	39.96	40.03	0.230	0.127	0.128	0.157
3	0.15	17.05	17.05	17.09	17.09	0.156	0.127	0.128	0.157
4	0.25	8.05	8.04	8.02	8.02	0.098	0.127	0.128	0.157
5	0.50	2.59	2.58	2.58	2.57	0.055	0.127	0.128	0.157
平均		11.9795	12.0254	12.0649	12.1204	0.1030	0.1270	0.1280	0.1570
		第二时期数据（2000—2009 年）							
		碳税解决时间				控制率解决时间			
SOW	概率	完全信息	早期	中期	晚期	完全信息	早期	中期	晚期
1	0.02	250.0	252.19	258.09	262.30	0.584	0.587	0.156	0.157
2	0.08	62.38	62.39	62.59	62.59	0.278	0.278	0.156	0.157
3	0.15	24.33	24.33	24.33	24.39	0.182	0.182	0.156	0.157
4	0.25	10.81	10.81	10.80	10.80	0.110	0.110	0.156	0.157
5	0.50	3.32	3.30	3.30	3.30	0.061	0.061	0.156	0.157
平均		18.0030	18.0383	18.1716	18.2647	0.1192	0.1193	0.1560	0.1570
		第三时期数据（2010—2019 年）							
		碳税解决时间				控制率解决时间			
SOW	概率	完全信息	早期	中期	晚期	完全信息	早期	中期	晚期
1	0.02	417.25	420.22	425.60	442.661	0.722	0.725	0.730	0.193
2	0.08	94.78	94.96	94.99	95.1939	0.329	0.329	0.329	0.193
3	0.15	33.45	33.45	33.54	33.5462	0.207	0.207	0.207	0.193
4	0.25	13.96	13.96	13.96	13.9554	0.122	0.122	0.122	0.193
5	0.50	4.10	4.07	4.07	4.06541	0.066	0.066	0.066	0.193
平均		26.4841	26.5433	26.6668	27.0222	0.1353	0.1354	0.1355	0.1930

说明：关于变量的定义，参看正文。解决时间非常适合完全信息，早期是 2000 年，中期是 2010 年，晚期是 2020 年。

存在（或者晚解决不确定性）是为了增加温室气体控制率。例如，有完善的信息时，控制率的预期值是 8.8%；但如果决策是必须在知道程度、危害和减缓气候变化的成本之前采取行动，这就引起高的平均温室气体控制率——12.7%，或者再次达到完全信息状态下的控制率的三分之一。这种结果取决于边际成本曲线的形状，在这种状态下，温室气体控制的收益迅速递减意味着，如果未来存在加大控制力度的可能性，今天采取更多的控制则是经济的。

表 8.2 上半部分另一个惊人的结果是信息解决的时间与未来控制率有关。结果是，世界真实状态被披露之后某个时期的最优控制率实际上独立于信息解决的时间。以表 8.2 顶部的最后一栏为

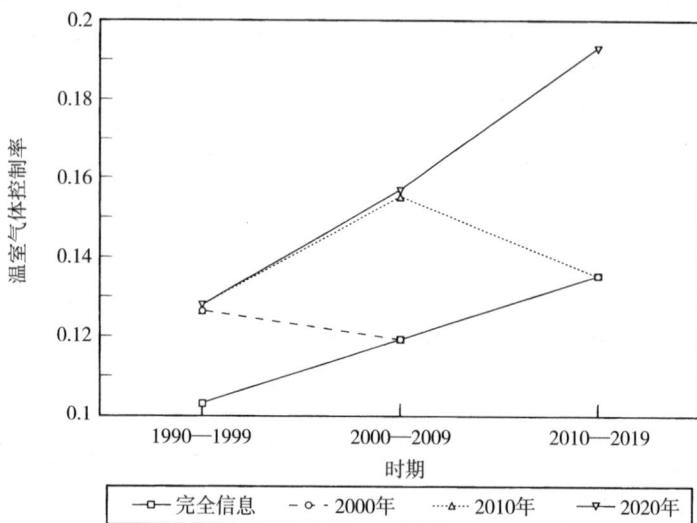

图 8.4　温室气体控制率的预期值
（可供选择的解决时间）

例。结果表明，到三个重要的位数，2045 年的控制率不取决于不确定性是在 1990 年还是 2020 年得到解决。这个结果是由于早期温室气体存量对控制率的依赖性较低；这就是说，由于温室气体的存量几乎不受不确定性解决时间的影响，未来温室气体的控制率也实际上与不确定性解决的时间无关。当然，所有这些结果都取决于已经正确估算出的不确定性分布与最优选择的政策。

表 8.2 下半部分显示了碳税率的结果。碳税率可以解释为根据最优温室气体排放率计算出的排放的社会成本。检验蒙特卡罗运算得出的第一个意外发现是，在完全信息情况下，碳税的预期值远远高于确定性等价情况下的碳税预期值——PI 情况下为 11.82 美元，

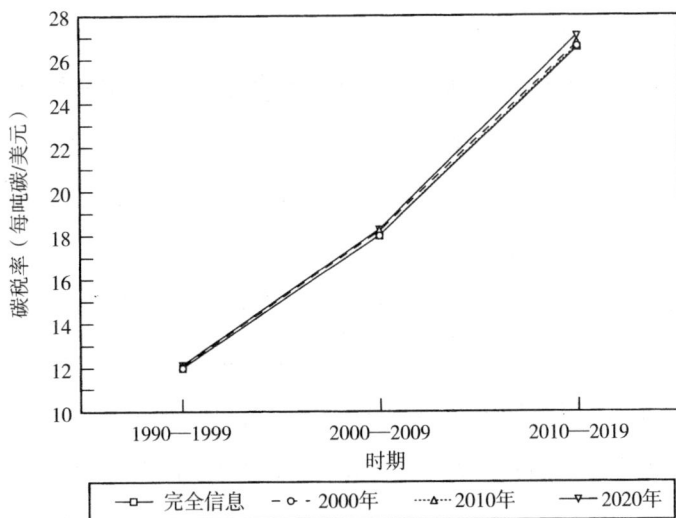

图 8.5 碳税率的预期值

（可供选择的解决时间）

而 CE 情况下为 5.24 美元，或增加 12.5%。这个结果的产生是因为分布的不均衡，产生极大影响的概率很小，而产生小损失的概率很大。

这些不确定性解决方案的时间结果带来了第二个意外发现：在这种情况下，碳税实际上与不确定性解决方案的时间无关。这一点在图 8.5 中得到了强调，它显示了关于不确定性解决的四个假设的前三个碳税的预期值。这个图表明，最优碳税极其接近于完全信息情况下碳税的预期值。在所有不确定性解决的情况下，最优碳税是在完全信息情况下碳税预期值的 2% 之内。碳税在不确定性解决的不同时期保持不变的原因在于危害函数的性质。气候危害是温室气体存量的函数，而缓解成本是温室气体排放流量的函数。早期不确定性解决虽然尽早解决不确定性会降低最优方案成本的预期值，但不会影响碳税的预期值。

最后一点涉及在更加遥远的未来不确定性的解决对碳税预期值的影响。表 8.2 下半部分最后一栏说明，未来碳税几乎不受不确定性解决时间的影响。这一点的原因与控制率和不确定性的解决并不共变是一样的。

不确定性解决时间的结果对温室政策有重要意义。表 8.2 说明，最优碳税对信息结构的敏感度比对最优温室气体控制率低得多。实际上最优碳税的预期值在不同信息假设之间都是不变的，而最优温室气体控制率的预期值几乎只是这三个因素中的唯一变动的。结果表明，鉴于社会在确定其温室政策时面临的巨大不确定性，碳税可能是一种更有效的手段。与数量限制相比，价格政策的优越性可能是以温室效应所特有的成本和收益结构的一般结果。[1]

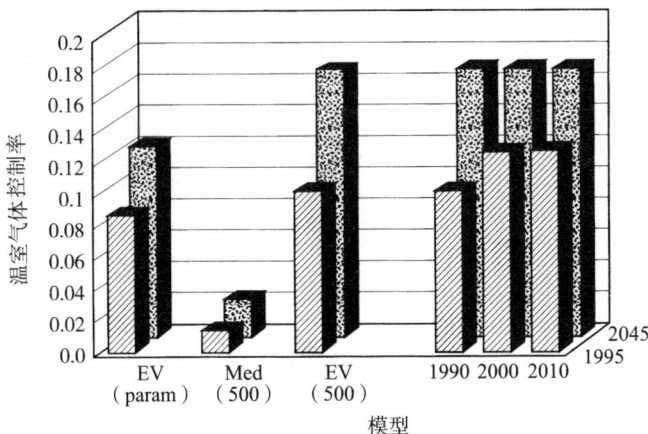

图 8.6　不同模型中的控制率

（可供选择的不确定性处理）

关键：

EV（param）：有参数预期值的模型运算。

Med（500），EV（500）：有 8 个不确定性参数的 500 次蒙特卡罗运算的参数的预期值。

1990 年、2000 年、2010 年：在 1990 年、2000 年或 2100 年获得完全信息时，具有世界 5 种状态的参数预期值。

1995 年、2045 年：变量观察的日期。

---

[1]　威兹曼（Weitzman，1974）已经说明了，作为管制工具，价格对数量的比较优势取决于收益与成本函数的相对曲率。如果收益函数更为弯曲（在危害函数二阶导数规模为正的意义上），那么，数量类型的管制就更有效。但是，如果成本函数更弯曲（在成本函数二阶导数规模为正的意义上），那么，价格类型管制就更有效。在这两种情况下，函数取决于排放的流量。温室效应的特点是对排放控制是高度非线性成本，而对排放是危害的线性。后一种关系的出现是因为危害是污染存量的函数，而存量实际上是线性地取决于排放的流量。这些关系意味着，与数量限制相比，价格类型战略是应对温室效应不确定性的一种更有效的方法。这一结果可以推广到更普遍的存量污染物不确定性的处理。

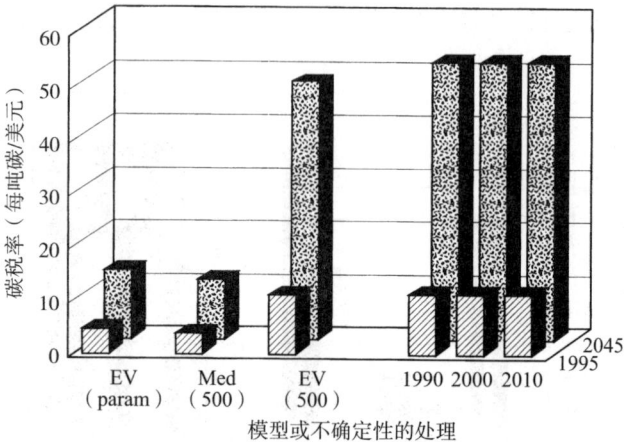

图 8.7　在可供选择的模型中的碳税

（可供选择的不确定性处理）

关键：

EV（param）：有参数预期值的模型运算。

Med（500），EV（500）：含 8 个不确定参数的 500 次蒙特卡罗运算的参数中值和期望值。

1990 年、2000 年、2010 年：1990 年、2000 年或 2010 年获得完全信息时 5 种世界状态参数的预期值。

1995 年、2045 年：变量观察的数据。

在图 8.6 和 8.7 中显示了不同方法的结果。图 8.6 显示了关于不确定性与学习的不同假设下控制率的预期值。左边的第一组柱状图显示的是参数预期值的控制率（确定性等效的情况），前面的柱状图显示的是 1995 年的结果，后面的柱状图显示了 2045 年的结果。第二组柱状图显示的是 500 次蒙特卡罗运算的中值控制率，而第三组显示的是蒙特卡罗运算预期值的比率。右边的三组柱状图显示的是在表示的时期开始之前不确定性已经解决时的控制率。
图 8.7 显示了关于不确定性与不确定解决的 6 组相同假设下的碳
税率结果。

可以从这种分析中得出的主要结论有三个：第一，从包括不
确定性和对不确定性解决现实限制的更全面分析中得出的最优控
制率与最简单的、最佳猜测模型的结果并没有显著不同；第二，
在这种更加全面的分析中，最优碳税要比最佳猜测分析中的高得
多，但碳税增加的主要原因来自引进了不确定性，而不是考虑不
确定性的解决时间；第三，碳税是一个更好的手段，可以解决由
于全球变暖的持续性和影响的不确定性而产生的问题。

早期信息的价值

社会可以把资源投资于获得更好的气候变化信息。投资包括
自然科学（为改善监控、气候模型编制或者开发适应于新的变化
的气候）、社会科学（为了更好地了解人口趋势、经济增长，以及
气候变化的影响）和其他领域。如果可以减少对未来的不确定性，
在更好的信息方面的投资将会有多少回报？

理解这个问题的一个方法是估算早期解决不确定性的价值。
举个简单的例子，如果我们不加强科学研究，不确定性也可以在
2020 年解决，部分是通过科学的进步，而部分是因为历史将揭示
其不确定性。如果研究允许获得早期信息以使真实的世界状态在
2010 年、2000 年甚至是 1990 年被知晓，那么经济上的利益有多

表 8.4　早期获得信息的价值及对消费预期值的影响
（1989 年的数 10 亿美元）

方　　案	不同时间信息的价值[a]（1989 年的数 10 亿美元）	决议对 2005 年消费的影响[b]	
		（1989 年的数 10 亿美元）	（2005 年消费的百分比）
完全信息	1176.3	−10.7	0.0325
2000 年信息	1056.1	−9.9	−0.0300
2010 年信息	719.6	0.0	0.0000
2020 年信息	0.0	0.0	0.0000

说明：

a. 按 1989 年的价格和 1990 年的消费来看，项目贴现值是相对于 2020 年获得的完全信息而言的；

b. 这显示了所示情况下的消费预期值与后期信息下的期望值之间的差异，即 2020 年解决的不确定性。

大呢？

　　DICE 模型中对这个问题的回答在表 8.4 第一栏中显示了。从 2000 年到 2010 年，完全信息将带来超过 7000 亿美元的消费折扣；再增加 10 年，贴现消费将增加近 3500 亿美元；从 2000 年到 1990 年将增加 1200 亿美元。显而易见，随着我们对气候变化无知程度的加深，增量收益越来越大，原因是，随着我们进入 21 世纪，气候变化或我们为减缓气候变化做的努力所造成的损害也会变得更大。

　　根据整体宏观经济政策，我们这里可以研究不确定性对消费的影响。表 8.4 的最后一栏说明，根据第一栏显示的不确定性假设，第五时期（2000—2010 年）消费的预期值与使用最新信息得出的消费值之间的计算差额。令人惊讶的结果是，在后期解决不确定性的意义上，更大不确定性引起更高的消费而不是更低的消费（虽然变化的程度是比较适中的）。例如，完全信息在第 5 个时期使消费降低了 110 亿美元，约占同期消费的 0.03%。这种反直觉的结果——更大的不确定性引起更高的消费——是发现当消费的边际效用或风险规避的弹性较高（即 α 接近于 1）时才能成立的结果。[1] 也许最令人惊讶的是，温室效应的巨大不确定性并没有对如今的最优储蓄率产生明显的影响。

结　语

简单地总结我们对不确定性影响分析的一些结果是有用的。第一，看来根据当前对全球变暖的范围和后果的了解，不确定性会增加未来气候变化的风险。根据从最佳猜测情况到效用期望值最大化的情况来看，最优政策往往会增加最优碳税和最优控制率。大体上说，当考虑到不确定性时，最优碳税将增加一倍，而且最优控制率将增加不到一半。不同的不确定性变量的相互作用致使控制的日益严格，因此极端事件可能会导致重大的经济损失。

---

[1]　勒瓦兰（Levharn）和斯里瓦桑（Srinvasan，1969）说明了，在最简单的拉姆赛模型中，如果消费的边际效用弹性（α）大于、等于或小于 1 时，对应的现期消费会增加、不受影响或下降。

第二个问题涉及不确定性解决时间对气候变化政策的影响。表 8.4 中的估算表明，早期信息对社会有相当大的价值，如果将解决方案提前 10 年，不确定性增加超过 1000 亿美元的价值。这个结果表明，应高度重视对气候变化的根源和后果进行仔细的和精心设计的研究。

第三个问题涉及与不确定性时间相关的这些结果带来的两个意外发现。第一个是，即使早期信息有重大价值，在不确定性较晚解决的情况下，消费实际增加了。甚至更令人惊讶的是，碳税实际上与得到信息的时间没有关联；这个结果反映了关于税收最优性的更普遍的结论，而不是对反映存量外部性的全球环境问题的定量控制。

第四个要强调的问题是，气候变化的惰性这一令人不快的事实。科学估算表明，即使采取了严格的减排措施，大气中的温室气体存量也会引起重大的气候变化。例如，我们研究了上述一项政策，该政策将排放量限制在 1990 年水平的 80%，从而在 21 世纪后期使排放量减少到基准水平的 70%，并在折扣消费方面花费总计 11 万亿美元。即使如此，按照这一套严格的控制措施，到 2100 年全球气温将上升 2.2℃，而不是最优政策下的 3.1℃ 或无控制运行下的 3.3℃。这些计算表明，即使有重大的技术突破与严格的控制，过去温室气体排放的势头，似乎正引导我们与大规模的气候变化不可避免地相会。我们要去缓解，但我们也应该适应。

在这样多的文字和方程式之后，我们应该得出什么结论呢？根据个人的观点，人们很容易对自己理解的和应对全球共同面临的威胁的能力持乐观或悲观的态度。一方面，我们进入一个未知的领域，消耗许多资源，同时以不可逆的方式改变着其他资源，并且以比我们知道的更多的方式与我们的宇宙博弈。人类似乎还和有记录的历史之初一样爱吵架，而且他们已经设计出了非常有效的武器来为他们的争吵进行报复。同时，我们观察和分析的力量也更强大。监视、测量、分析和计算相结合的发展速度甚至超过了我们排放废物和砍伐树木的能力。在我们争吵与污染的倾向与我们推理和计算的能力之间的竞争中，谁将赢得这场竞赛？这些问题的回答应该等待被称为历史的骰子的滚动。

附录 |
DICE 模型的计算机代码

这份附录包括本书中使用的得出标准 DICE 模型运算代码。它被称为"ICE.1.2.3"。精心设计的模型进行敏感度运算要么是微小的修改，通过世界的多种状态合并不确定性；要么是下面蒙特卡罗运算的模型的迭代版本。

运行 DICE 模型最简单的方法是用 GAMS 代码。它可以作为廉价的学生版使用，但要获得完整的结果，需要 386 或工作站版本。GAMS 代码包可以从科学出版社购买（但并不便宜），地址：加利福尼亚州红杉城海港大院 507，邮编：94063。文档可以在布鲁克、肯德里克和米拉乌斯（1988 年）中找到。

代码可以免费给使用者而且不是私有的。如果使用者承认编码的来源并传阅任何来自它使用的出版物或论文，耶鲁大学经济系（美国康涅狄格州纽黑文，邮编：06520）的作者会表示感谢。

下面是计算机代码。注意，任何以星号（＊）开始的行就是文档。

*ICE.1.2.3

* This is an optimal growth model to calculate the optimal control
* rate and timing for the abatement of CO_2 and other greenhouse
* gases.
* This is the revised version of the model as of August 1993
* to use for the basic calculations and documentation.

* This version contains the data
* corrections through August 1993.
* It includes calibrations using Z. Yang's world output, population,
* and capital data, as well as transversality condition from 60-period
* run.

SETS

T	Time periods	/1*40/
TFIRST(T)	First period	
TLAST(T)	Last period	

SCALARS

BET	Elasticity of marginal utility	/0/
R	Rate of social time preference per year	/.03/
GL0	Growth rate of population per decade	/.223/
DLAB	Decline rate of population growth per decade	/.195/
DELTAM	Removal rate carbon per decade	/.0833/
GA0	Initial growth rate for technology per decade	/.15/
DELA	Decline rate of technology per decade	/.11/
SIG0	CO2-equiv-GWP ratio	/.519/
GSIGMA	Growth of sigma per decade	/-.1168/
DK	Depreciation rate on capital per year	/.10/
GAMA	Capital elasticity in output	/.25/

M0	CO2-equiv concentrations 1965 billion tons carbon	/677/
TL0	Lower stratum temperature (C) 1965	/.10/
T0	Atmospheric temperature (C) 1965	/.2/
ATRET	Marginal atmospheric retention rate	/.64/
Q0	1965 gross world output trillions 1989 US dollars	/8.519/
LL0	1965 world population millions	/3369/
K0	1965 value capital billions 1989 US dollars	/16.03/
C1	Coefficient for upper level	/.226/
LAM	Climate feedback factor	/1.41/
C3	Coefficient trans upper to lower stratum	/.440/
C4	Coeff of transfer for lower level	/.02/
A0	Initial level of total factor productivity	/.00963/
A1	Damage coeff for CO2 doubling (fraction GWP)	/.0133/
B1	Intercept control cost function	/.0686/
B2	Exponent of control cost function	/2.887/
PHIK	Transversality coefficient capital	/140/
PHIM	Transversality coefficient carbon ($ per ton)	/-9/
PHITE	Transversality coefficient temperature (billion $ per degree C)	/-7000/

PARAMETERS

L(T)	Level of population and labor
AL(T)	Level of total factor productivity (TFP)
SIGMA(T)	Emissions-output ratio
RR(T)	Discount factor
GA(T)	Growth rate of TFP from 0 to T

FORCOTH(T)	Exogenous forcings from other greenhouse gases
GL(T)	Growth rate of labor 0 to T
GSIG(T)	Cumulative improvement of energy efficiency
DUM(T)	Dummy variable 0 except 1 in last period;

TFIRST(T) = YES$(ORD(T) EQ 1);
TLAST(T) = YES$(ORD(T) EQ CARD(T));
DISPLAY TFIRST, TLAST;

GL(T) = (GL0/DLAB)*(1-exp(-DLAB*(ord(t)-1)));
L(T) = LL0*exp(GL(t));
GA(T) = (GA0/DELA)*(1-exp(-DELA*(ord(t)-1)));
AL(T) = a0*exp(GA(t));
GSIG(T) = (GSIGMA/DELA)*(1-exp(-DELA*(ord(t)-1)));
SIGMA(T) = SIG0*exp(GSIG(t));
DUM(T) = 1$(ord(T)eq card(T));

RR(T) = (1+R)**(10*(1-ord(t)));
FORCOTH(T) = 1.42;
FORCOTH(T)$(ord(t) lt 15) = .2604+.125*ord(T)-.0034*ord(t)**2;

VARIABLES

MIU(T)	Emission control rate GHGs
FORC(T)	Radiative forcing, W per m2
TE(T)	Temperature, atmosphere C
TL(T)	Temperature, lower ocean C
M(T)	CO2-equiv concentration billion t
E(T)	CO2-equiv emissions billion t
C(T)	Consumption trillion US dollars

K(T)	Capital stock trillion US dollars
CPC(T)	Per capita consumption thousands US dollars
PCY(t)	Per capita income thousands US dollars
I(T)	Investment trillion US dollars
S(T)	Savings rate as fraction of GWP
RI(T)	Interest rate per annum
TRANS(T)	Transversality variable last period
Y(T)	Output

UTILITY;

POSITIVE VARIABLES MIU, E, TE, M, Y, C, K, I;

EQUATIONS UTIL	Objective function
YY(T)	Output
CC(T)	Consumption
KK(T)	Capital balance
KK0(T)	Initial condition of K
KC(T)	Terminal condition of K
CPCE(t)	Per capita consumption
PCYE(T)	Per capita income equation
EE(T)	Emissions process
SEQ(T)	Savings rate equation
RIEQ(T)	Interest rate equation
FORCE(T)	Radiative forcing equation
MM(T)	CO2 distribution equation
MM0(T)	Initial condition for M
TTE(T)	Temperature-climate equation for atmosphere
TTE0(T)	Initial condition for atmospheric temp
TLE(T)	Temperature-climate equation for lower oceans

TRANSE(t)　　　　Transversality condition
TLE0(T)　　　　　Initial condition for lower ocean;

KK(T).. K(T + 1) = L = (1-DK)**10 *K(T) + 10*I(T);
KK0(TFIRST).. K(TFIRST) = E = K0;
KC(TLAST).. R*K(TLAST) = L = I(TLAST);

EE(T).. E(T) = G = 10*SIGMA(T)*(1-MIU(T))*AL(T)*L(T)**(1-GAMA)
*K(T)**GAMA;
FORCE(T).. FORC(T) = E = 4.1*(log(M(T)/590)/log(2))
+ FORCOTH(T);
MM0(TFIRST).. M(TFIRST) = E = M0;
MM(T + 1).. M(T + 1) = E = 590 + ATRET*E(T) + (1 - DELTAM)
*(M(T)-590);

TTE0(TFIRST).. TE(TFIRST) = E = T0;
TTE(T + 1).. TE(T + 1) = E = TE(t) + C1*(FORC(t)-LAM*TE(t)
-C3*(TE(t)-TL(t)));
TLE0(TFIRST).. TL(TFIRST) = E = TL0;
TLE(T + 1).. TL(T + 1) = E = TL(T) + C4*(TE(T)-TL(T));

YY(T).. Y(T) = E = AL(T)*L(T)**(1-GAMA)*K(T)**GAMA
(1-B1(MIU(T)**B2))/(1 + (A1/9)*SQR(TE(T)));
SEQ(T).. S(T) = e = I(T)/(.001 + Y(T));
RIEQ(T).. RI(T) = E = GAMA*Y(T)/K(T)- (1-(1-DK)**10)/10;

CC(T).. C(T) = E = Y(T)-I(T);
CPCE(T).. CPC(T) = e = C(T)*1000/L(T);
PCYE(T).. PCY(T) = e = Y(T)*1000/L(T);

TRANSE(TLAST).. TRANS(TLAST) = E = RR(TLAST)
*(PHIK*K(TLAST) + PHIM*M(TLAST) + PHITE*TE(TLAST));

UTIL.. UTILITY = E =
SUM(T, 10 *RR(T)*L(T)*LOG(C(T)/L(T))/.55 + TRANS(T)*DUM(T));

*Upper and lower bounds for economic reasons or stability
MIU.up(T) = 0.99;

MIU.lo(T) = 0.01;

K.lo(T) = 1;

TE.up(t) = 20;

M.lo(T) = 600;

C.LO(T) = 2;

*Upper and lower bounds for historical constraints

MIU.fx('1')=0.;

MIU.fx('2')=0.;

MIU.fx('3')=0.;

*Solution options

option iterlim = 99900;

option reslim = 99999;

option solprint = off;

option limrow = 0;

option limcol = 0;

model CO2 /all/;

solve CO2 maximizing UTILITY using nlp;

display Y.l, C.l, S.l, K.l, MIU.l, E.l, M.l, TE.l, FORC.l, RI.l,
    CC.m, EE.m, KK.m, MM.m, TTE.m, CPC.l, TL.l, PCY.l, i.l;

display SIGMA, RR, L, AL, DUM, FORCOTH.

参考书目 |

Amano, Akihiro. 1993. Economic costs of reducing CO_2 emissions: A study of modeling experience in Japan. In *Costs, impacts, and benefits of CO_2 mitigation*, CP-93-2, ed. Y. Kaya et al. Laxenburg, Austria: International Institute for Systems Analysis.

Ausubel, Jesse H. 1993. Mitigation and adaptations for climate change: Answers and questions. In *Costs, impacts, and benefits of CO_2 mitigation*, CP-93-2, ed. Y. Kaya et al. Laxenburg, Austria: International Institute for Systems Analysis.

Boden, Thomas A., Paul Kanciruk, and Michael P. Farrell, eds. 1990. *Trends '90: A compendium of data on global change*. Carbon Dioxide Information Analysis Center, ORNL/ CDIAC-36. Oak Ridge, TN: Oak Ridge National Laboratory.

Bodlund, Birgit, Evan Miller, Tomas Karlsson, and Thomas B. Johansson. 1989. The Challenge of Choice: Technology Options for the Swedish Electricity Sector. In *Electricity: Efficient end-use and new generation technologies, and their planning implications*, Thomas B. Johansson, Birgit Bodlund, and Robert H. Williams. Lund, Sweden: Lund University Press.

Brainard, William C., Matthew Shapiro, and John Shoven. 1991. Fundamental value and market value. In *Money, macroeconomics, and economic politics: Essays in honor of James Tobin, ed.* William C. Brainard, William D. Nordhaus, and Harold W. Watts, 277–307. Cambridge, MA: MIT Press.

Broecker, W. S., and T. H. Peng. 1982. Tracers in the sea. In *Eldigio press*. Palisades, NY: Lamont-Doherty Geological Observatory.

Brooke, Anthony, David Kendrick, and Alexander Meeraus. 1988. *GAMS: A user's guide.* Redwood City, CA: The Scientific Press.

Cline, William. 1991. The economics of the greenhouse effect. *The Economic Journal* 101 (July): 920–37.

———. 1992a. *The economics of global warming.* Washington, DC: Institute of International Economics.

———. 1992b. Discounting. Paper presented at the International Workshop on Costs, Impacts, and Possible Benefits of CO_2 Mitigation, IIASA, Laxenburg, Austria, September.

Dansgaard, W., et al. 1993. Evidence for general instability of past climate from a 250-kyr ice-core record. *Nature*, 15 July, 218–20.

Dean, Andrew, and Peter Hoeller. 1992. Costs of reducing CO_2 emissions: Evidence from six global models, OCDE/GD(92)140. Organisation for Economic Co-operation and Development, Paris. Mimeo.

Dubin, Jeffrey A. 1992. Market barriers to conservation: Are implicit discount rates too high? In *The economics of energy conservation*, ed. Matthew G. Nagler. Proceedings of a POWER Conference, Berkeley, CA.

EC (Commission of the European Communities). 1992a. *The climate challenge: Economic aspects of the community's strategy for limiting CO_2 emissions*, 51, ECSC-EEC-EAEC, Brussels, May.

EC (Commission of the European Communities). 1992b. *The economics of limiting CO_2 emissions*, Special Edition no. 1, ECSC-EEC-EAEC, Brussels.

Edmonds, J. A., and J. M. Reilly. 1983. Global energy and CO_2 to the year 2050. *The Energy Journal* 4:21–47.

Edmonds, J. A., J. M. Reilly, R. H. Gardner, and A. Brenkert. 1986. *Uncertainty in future energy use and fossil fuel CO_2 emissions 1975 to 2075*, Department of Energy, DOE/NBB-0081, December.

EPA (U.S. Environmental Protection Agency). 1989. *The potential effects of global climate change on the United States: Report to Congress*, EPA-230-05-89-050, December.

Fankhauser, Samuel. 1993. The economic costs of global warming: Some monetary estimates. In *Costs, impacts, and benefits of CO_2 mitigation*, CP-93-2, ed. Y. Kaya et al. Laxenburg, Austria: International Institute for Systems Analysis.

Gaskins, Darius W., and John P. Weyant. 1993. EMF-12: Modeling comparisons of the costs of reducing CO_2 emissions. *American Economic Review* (May): 318–23.

Gordon, Robert, Tjalling Koopmans, William Nordhaus, and Brian Skinner. 1988. *Toward a new iron age?* Cambridge, MA: Harvard University Press.

GRIP (Greenland Ice-Core Project). 1993. Climate instability during the last interglacial period recorded in the GRIP ice core. *Nature*, 15 July, 203–8.

Grossman, Sanford J., and Robert J. Shiller. 1981. The determinants of the variability of stock market prices. *American Economic Review* 71 (May): 222–27.

Hammitt, James K., Robert J. Lempert, and Michael E. Schlesinger. 1992. A sequential-decision strategy for abating climate change. *Nature* 357, 28 May, 315–18.

Henrion, M., and B. Fischoff. 1986. Assessing uncertainty in physical constants. *American Journal of Physics*, 54, no. 9 (September): 791–98.

Hoeller, Peter, Andrew Dean, and Masahiro Hayafumi. 1992. New issues, new results: The OECD's second survey of the macroeconomic costs of reducing CO_2 emissions, OCDE/GD(92)141. Organisation for Economic Co-operation and Development, Paris. Mimeo.

Ibbotson, Roger G., and Gary P. Brinson. 1987. *Investment markets*. New York: McGraw-Hill.

IPCC (Intergovernmental Panel on Climate Change). 1990. *Climate change: The IPCC scientific assessment*, ed. J. T. Houghton, G. J. Jenkins, and J. J. Ephraums. New York: Cambridge University Press.

Jones, P. D., T. M. L. Wigley, and P. B. Wright. 1990. *Global and hemispheric annual temperature variations between 1861 and 1988,* Carbon Dioxide Information Center, NDP-022/R1. Oak Ridge, TN: Oak Ridge National Laboratory.

Jorgenson, Dale W., and Peter J. Wilcoxen. 1990. The cost of controlling U. S. carbon dioxide emissions. Paper presented at the Workshop on Economic/Energy/Environmental Modeling for Climate Policy Analysis, Washington, DC, October.

Jorgenson, Dale W., and Peter J. Wilcoxen. 1991. Reducing U.S. carbon dioxide emissions: The cost of different goals. In *Energy, Growth, and the Environment,* ed. John R. Moroney, 125–28. Greenwich, CT: JAI Press.

Kasting, James F., and James C. G. Walker. 1992. The geochemical carbon cycle and the uptake of fossil fuel CO_2. In *AIP conference proceedings 247, global warming: Physics and facts,* ed. B. G. Levi, D. Hafemeister, and R. Scribner, 175–200. New York: American Institute of Physics.

Kolstad, Charles D. 1993. Looking vs. leaping: The timing of CO_2 control in the face of uncertainty and learning. In *Costs, impacts, and benefits of CO_2 mitigation,* CP-93-2, ed. Y. Kaya et al. Laxenburg, Austria: International Institute for Systems Analysis.

Koopmans, Tjalling. 1967. Objectives, constraints, and outcomes in optimal growth models. *Econometrica* 35:1–15.

Kram, T., and P. A. Okken. 1989. Two 'low CO_2' energy scenarios for the Netherlands. Paper prepared for IEA/OECD Expert Seminar on Energy Technologies for Reducing Emissions of Greenhouse Gases, Paris, April.

Levhari, D., and T. N. Srinivasan. 1969. Optimal savings under uncertainty. *Review of Economic Studies* 36 (April): 153–63.

Lind, Robert C., ed. 1982. *Discounting for time and risk in energy policy,* 257–71. Washington, DC: Resources for the Future.

Lindzen, Richard. 1992. Global warming, *Regulation* (summer).

Luce, R. Duncan, and Howard Raiffa. 1958. *Games and decisions: Introduction and critical surveys.* New York: Wiley.

Machta, Lester. 1972. The role of the oceans and biosphere in the carbon dioxide cycle. *Nobel Symposium* 20:121–45.

Maier-Reimer, E., and K. Hasselmann. 1987. Transport and storage of carbon dioxide in the ocean, and an organic ocean-circulation carbon cycle model. *Climate Dynamics* 2:63–90.

Manabe, S., and R. J. Stouffer. 1988. Two stable equilibria of a coupled ocean-atmosphere model. *Journal of Climate* 1:841–66.

Manabe, S., and R. J. Stouffer. 1993. Century-scale effects of increased atmospheric CO_2 on the ocean-atmospheric system. *Nature* 364, 15 July, 215–18.

Manabe, S., R. J. Stouffer, M. J. Spelman, and K. Bryan. 1991. Transient response of a coupled ocean-atmospheric model to gradual changes of atmospheric CO_2, part I: Annual mean response. *Journal of Climate* 4:785–818.

Manne, Alan S., and Richard G. Richels. 1990a. CO_2 emission limits: An economic cost analysis for the USA. *The Energy Journal* 11, no. 2 (April): 51–74.

————. 1990b. Estimating the energy conservation parameter. November. Mimeo.

————. 1992. *Buying greenhouse insurance: The economic costs of CO₂ emission limits.* Cambridge, MA: MIT Press.

Mendelsohn, Robert, William Nordhaus, and Dai Gee Shaw. 1993. The impact of climate on agriculture: A Ricardian approach. In *Costs, impacts, and benefits of CO₂ mitigation,* CP-93-2, ed. Y. Kaya et al. Laxenburg, Austria: International Institute for Systems Analysis.

————, with R. Mendelsohn and Dai Gee Shaw. 1994. The impact of global warming on agriculture: A Ricardian approach. *American Economic Review* (September).

Morgan, M. G., and M. Henrion. 1990. *Uncertainty: A guide to dealing with uncertainty in quantitative risk and policy analysis.* New York: Cambridge University Press.

NAS (National Academy of Sciences). 1979. *Stratospheric ozone depletion by halocarbons: Chemistry and transport.* Report of a committee of the National Research Council, Washington, DC.

————. 1992. *Policy implications of greenhouse warming: Mitigation, adaptation, and the science base,* Committee on Science, Engineering, and Public Policy. Washington, DC: National Academy Press.

National Research Council. 1978. *International perspectives on the study of climate and society.* Washington, DC: National Academy Press.

————. 1979. *Carbon dioxide and climate: A scientific assessment.* Washington, DC: National Academy Press.

————. 1983. *Changing climate.* Washington, DC: National Academy Press.

Nordhaus, William D. 1979. *The efficient use of energy resources.* New Haven, CT: Yale University Press.

————. 1991a. A survey of the costs of reduction of greenhouse gases. *The Energy Journal* 12, no. 1:37–65.

————. 1991b. A Sketch of the economics of the greenhouse effect. *The American Economic Review* 81, no. 2 (May): 146–50.

————. 1991c. To slow or not to slow: The economics of the greenhouse effect. *The Economic Journal* 101 (July): 920–37.

————. 1991d. Economic policies and the greenhouse effect." In *Economics of climate change,* ed. Rudiger Dornbusch and James Poterba. Cambridge, MA: MIT Press.

————. 1992a. Explaining the "DICE": Background paper on a dynamic integrated model of climate change and the economy. Yale University, New Haven, CT, January. Mimeo.

————. 1992b. How much should we invest to preserving our current climate? In *Economic process and environmental concerns,* ed. Herbert Giersch, 255–99. Berlin: Springer-Verlag.

————. 1993. Economic growth on a planet under siege. In *Economic growth in the world economy,* ed. Horst Siebert, 223–42. Tübingen, Germany: J. C. Mohr.

————. 1994. Expert opinion on climatic change. *American Scientist* 82, no. 1 (January–February): 45–51.

Nordhaus, William D., and Gary Yohe. 1983. Future carbon dioxide emissions from fossil fuels. In *Changing climate*, National Research Council. Washington, DC: National Academy Press.

Nuclear Regulatory Commission. 1975. *Reactor safety study: An assessment of accident risks in U.S. commercial nuclear power plants*, NUREG-75/014 WASH-1400, Washington, DC.

Parikh, Jhodi. 1992. Emissions limitations: The view from the South. *Nature* 360 (December): 507–8.

Peck, Stephen C., and Thomas J. Teisberg. 1992. CETA: A model for carbon emissions trajectory assessment. *The Energy Journal* 13, no. 1:55–77.

Psacharopoulos, George. 1985. Returns to education: A further international update and implications. *Journal of Human Resources* 20 (fall): 583–604.

Ramsey, Frank P. 1928. A mathematical theory of saving. *The Economic Journal* (December): 543–59.

Ravelle, Roger R., and Paul E. Waggoner. 1983. Effects of a carbon dioxide–induced climatic change on water supplied in the western United States. In *Changing climate*, National Research Council, 419–32. Washington, DC: National Academy Press.

Reilly, John, and Neil Hohmann. 1993. Climate change and agriculture: The role of internation trade. *American Economic Review* 83, no. 2 (May): 306–23.

Samuelson, Paul A. 1949. The market mechanism and maximization, I, II, and III. Rand Corporation, Santa Monica, CA. Mimeo.

Savage, L. J. 1954. *The foundations of statistics*. New York: Wiley.

Schelling, Thomas C. 1983. Climatic change: Implications for welfare and policy. In *Climate change*, National Research Council, 449–82. Washington, DC: National Academy Press.

Schlesinger, Michael E., and Xingjian Jiang. 1990. Simple model representation of atmosphere-ocean GCMs and estimation of the timescale of CO_2-induced climate change." *Journal of Climate* 3:1297–1315.

Schmalensee, Richard. 1993. Comparing greenhouse gases for policy purposes. *The Energy Journal* 14, no. 1:245–55.

Schneider, Stephen H., and Starley L. Thompson. 1981. Atmospheric CO_2 and climate: Importance of the transient response. *Journal of Geophysical Research* 86, no. C4 (20 April): 3135–47.

Shlyakhter, Alexander I., Clair L. Broido, and Daniel M. Kammen. 1992. Quantifying the credibility of energy projections from trends in past data: The U.S. energy sector. Department of Physics, Harvard University, October 16. Mimeo.

Shlyakhter, Alexander I., and Daniel M. Kammen. 1992a. Quantifying the range of uncertainty in future development from trends in physical constants and predictions of global change. Global Environmental Policy Project, Working Paper 92-06, Harvard University, October 16.

Shlyakhter, Alexander I., and Daniel M. Kammen. 1992b. Sea-level rise or fall. *Nature* 357, 7 May, 25.

Siegenthaler, U., and H. Oeschger. 1987. Biospheric CO_2 emissions during the past 200 years reconstructed by deconvolution of ice core data. *Tellus* 39B:140–59.

Solow, Robert M. 1970. *Growth theory: An exposition.* New York: Oxford University Press.

Stockfisch, J. A. 1982. Measuring the social rate of return on private investment. In *Discounting for time and risk in energy policy,* ed. Robert C. Lind, 257–71. Washington, DC: Resources for the Future.

Stouffer, R. J., S. Manabe, and K. Bryan. 1989. Interhemispheric asymmetry in climate response to a gradual increase of atmospheric CO_2. *Nature* 342, 7 December, 660–62.

UNDP (United National Development Programme). 1992. *Human development report, 1992.* New York: Oxford University Press.

Wang, W.-C., M. P. Dudek, X.-Z. Liang, and J. T. Kiehl. 1991. Inadequacy of effective CO_2 as a proxy in simulating the greenhouse effect of other radiatively active gases. *Nature* 350:573–77.

Weitzman, Martin. 1974. Prices v. quantities. *Review of Economic Studies* 41:477–91.

Whalley, John, and Randall Wigle. 1991. The international incidence of carbon taxes. In *Global warming: Economic policy response,* ed. Rudiger Dornbusch and James M. Poterba, 233–63. Cambridge, MA: MIT Press.

Yang, Zili. 1993. Essays on the international aspects of resource and environmental economics. Ph.D. diss. Yale University, New Haven, CT.